DIE REFORM DES MIETRECHTES

VON

Hofrat Dr. HEINRICH KLANG

Universitatsprofessor

Springer-Verlag Wien GmbH 1929

Sonderabdruck aus
„Juristische Blätter"
58. Jahrgang 1929

ISBN 978-3-662-31409-8 ISBN 978-3-662-31616-0 (eBook)
DOI 10.1007/978-3-662-31616-0

Die nach so schweren Geburtswehen zustandegekommene Reform des Mietengesetzes hat den Rechtsstoff — abgesehen von den durch den Wiener Gemeinderat gefaßten Beschlüssen über Ausgleichsfonds und Bodenwertabgabe — auf drei Bundesgesetze verteilt, die in dem am 21. Juni 1929 ausgegebenen 46. Stück des B. G. Bl. verlautbart worden sind. Von diesen behandelt das B. G. vom 14. Juni 1929, Nr. 200, in 4 Abschnitten die Förderung der Wohnbautätigkeit und Abänderung des Mietengesetzes, und das B. G. vom selben Tage, Nr. 202, die Enteignung zu Wohnungs- und Assanierungszwecken. Während diese beiden Gesetze für das ganze Bundesgebiet gelten, hat das Gesetz vom 14. Juni 1929, Nr. 201, welches die Einweisung von Mietern in frei gewordene Wohnungen regelt, Geltung nur für Wien.

I

Das Bundesgesetz Nr. 200 regelt im ersten Abschnitt die Wohnbauförderung, im zweiten die Zinsgroschensteuer, welche für diese Förderung die finanzielle Grundlage schaffen soll.

1. Die **Konstruktion des Schuldverhältnisses** zwischen Bund, Bauwerber und Hypothekenanstalt. Der Bauwerber erhält nämlich den zur Ergänzung seines Eigenkapitals erforderlichen Zuschuß nicht unmittelbar vom Bund, sondern in Form eines Hypothekardarlehens einer Hypothekenanstalt, welches aus den Bundeszuschüssen zu verzinsen und zu tilgen ist, während der Bauwerber dem Bunde Tilgungsbeiträge zu leisten hat, deren Höhe sich nach dem Nettoertrage der Liegenschaft richtet. Von seiner Zahlungspflicht aus dem Darlehen ist der Bauwerber befreit, so lange er die für die Bewilligung der Bundeszuschüsse vorgeschriebenen Bedingungen einhält. Der Aus-

*) R. V. = Regierungsvorlage der Mietengesetznovelle 192 der Beilagen Nationalrat, A. B. = Ausschußbericht 325—327 der Beilagen.

schußbericht bezeichnet diesen Zustand als ein „Ruhen" des Schuldverhältnisses. Die Hypothekenanstalt hat aber auch die Verwaltung der eigenen Gelder des Bauwerbers zu übernehmen und diese, sowie das zugesicherte Darlehen nach Maßgabe des Baufortschrittes auszuzahlen. Sie übernimmt zugleich dem Bunde gegenüber eine gewisse Ueberwachungspflicht, da sie nach dem Gesetze verbunden ist, bei gewissen Pflichtverletzungen das Hypothekardarlehen einzuziehen. Der Ausschußbericht spricht hier von einem Wiederaufleben des ruhenden Schuldverhältnisses. Mir schiene es angemessener, dieses dreieckige Schuldverhältnis in der Weise zu zerlegen, daß als Grundlage ein Schuldverhältnis zwischen Bund und Bauwerber angenommen wird; daneben stünde ein Schuldverhältnis zwischen Bund und Hypothekenanstalt, in welchem der Bund als Schuldner, die Hypothekenanstalt als Gläubigerin und zugleich als Beauftragte des Bundes für die Verwaltung des Schuldbetrages erscheint; damit erklärt sich auch die Einziehung des Darlehensbetrages im Falle der Kündigung zwanglos. Diese Einrichtung des ganzen Verhältnisses hat den Vorzug, die sofortige Aufbringung großer Kapitalien ohne zu große Inanspruchnahme von Bundesmitteln zu ermöglichen und eine gewisse Sicherheit für die richtige Verwendung der aufgebrachten Gelder zu gewähren. Daß die juristische Konstruktion dadurch verwickelt wird, könnte man hinnehmen, wenn zu diesen juristischen nicht auch noch sprachliche Verwicklungen kämen, die das Verständnis des Gesetzes wesentlich erschweren und bei Aufwendung etwas größerer Sorgfalt auf den sprachlichen Ausdruck doch hätten vermieden werden können.

2. Nach Art. I, § 4, Abs. 2 lit. a — die Paragraphen sind von grotesker Länge und weisen die kompliziertesten Unterteilungen auf — ist bei den Liegenschaften, für welche Bundeszuschüsse gegeben werden, im Grundbuche „durch Anmerkung ersichtlich zu machen", d. h. wohl kürzer und klarer „anzumerken, daß die Liegenschaft nach Maßgabe dieses Gesetzes begünstigt ist". Welche Wirkung die Anmerkung hat, wird nicht gesagt; auch über die Stelle im Grundbuche, an der sie vorgenommen werden soll, schweigt das Gesetz. Sie hat wohl nur die Bedeutung eines Warnungssignals für den Grundverkehr, ihre Unterlassung würde keine tabularrechtlichen Folgen haben. Ihr angemessener Platz ist die zweite Abteilung des Gutsbestandblattes.

3. Nach Art. I, § 4, Abs. 3 lit. b ist ein Veräußerungs- und Belastungsverbot einzutragen, durch welches die Veräußerung des Grundstückes bis zur Fertigstellung des Baues untersagt und nur die Belastung durch die zur Sicherung des Baudarlehens bestimmte Hypothek zugelassen wird. Dieses Verbot wirkt nach § 4, Abs. 5 (letzter Satz) gegen Dritte, hindert aber nach § 7, Abs. 4 (letzter Halbsatz!) im Falle der Kündigung der Hypothek die Zwangsversteigerung zur Hereinbringung der Darlehensforderung nicht.

4. Für den Fall einer solchen Zwangsversteigerung und die Meistbotsverteilung werden in § 7, Abs. 5 besondere Bestimmungen getroffen. Auf der Liegenschaft können nämlich haften:

a) Eine Hypothek zur Deckung jenes Teiles der Baukosten, welcher nicht auf Grund der Bundeszuschüsse aufgebracht wird, das ist 40% und bei Einfamilienhäusern 50% des Gesamterfordernisses. (§ 3, Abs. 2 lit. a.)

b) Die durch die Bundeszuschüsse zu tilgende Hypothek, also 60, beziehungsweise 50% (§ 2, Abs. 2 lit. d).

c) Nach § 3, Abs. 4 eine Baukredithypothek für die Zeit bis zur Flüssigmachung des unter a) erwähnten Darlehens.

d) Nach § 3, Abs. 3 eine „Zusatzhypothek", aus deren Valuta die der Hypothek unter a) etwa vorgehenden Lasten zu tilgen sind, die aber in dem hier erörterten Zusammenhange keine Bedeutung hat.

Das geringste Gebot soll nun, wenn sich nicht nach der E. O. ein höherer Betrag ergibt, gleich sein dem Betrage der Hypothekarforderung unter a) an Kapital und Nebengebühren. Die Forderungen unter b) und c) sind, soweit sie im Meistbote Deckung finden, durch Barzahlung zu berichtigen; soweit sie durch das Meistbot nicht gedeckt sind, hat sie der Ersteher ebenso, wie die Verpflichtung zur Entrichtung der Tilgungsbeiträge ohne Anrechnung auf das Meistbot zu übernehmen.

5. Aus dem zweiten Abschnitt über die Zinsgroschensteuer seien erwähnt die Vorschrift des § 3, welche den dreijährigen Rückständen dieser Steuer samt den nicht mehr als drei Jahre rückständigen Verzugszinsen ein gesetzliches Pfandrecht im Range vor allen Privatpfandrechten einräumt, und jene des § 4, welche die Miteigentümer einer Liegenschaft für die Zinsgroschensteuer zur ungeteilten

Hand haften läßt und jeden von ihnen berechtigt, für alle Miteigentümer verbindliche Erklärungen abzugeben.

II
Abänderung des Mietengesetzes

Der dritte Abschnitt, die vielumstrittene Novelle zum Mietengesetze, enthält nicht weniger als 63 Punkte, in welcher das M. G. abgeändert wird. Hier ist wieder die Form des Flickgesetzes gewählt, die sich diesmal nach der Art der Novellierung wohl kaum vermeiden ließ, deren Nachteile aber immerhin der Anlaß hätten sein können, mit den Abänderungen etwas zurückzuhalten. Manche Abänderungen sind durchaus nichtssagend und überflüssig und viele entspringen einer übergroßen Aengstlichkeit, die den Versuch macht, die Rechtsprechung in einer doch nicht erreichbaren Weise zu binden und deshalb vereinzelte Entscheidungen und einmal sogar ein Gerücht über das Vorkommen eines Mißstandes zum Anlaß nimmt, an dem Gesetze herumzuflicken. Die daraus entstandene Kasuistik hat eine Verlängerung der Paragraphen zur Folge, die sich aus kaum mehr verständlichen Bandwurmperioden zusammensetzen und auch das Verständnis des geübten Juristen vor eine schwere Aufgabe stellen. Man sollte nicht daran mahnen müssen, daß ein Gesetz, das die Interessen beinahe eines jeden Staatsbürgers berührt, leicht verständlich sein müßte. Die Handhabung des Gesetzes muß darunter leiden, wenn man nicht nur die Paragraphen, ihre Absätze und Ziffern, sondern einzelne Sätze und sogar Satzteile zitieren muß. Sollte der schrittweise Abbau des Mieterschutzes noch weiter solche Novellen bescheren, so wird unser Mietcodex schließlich den Umfang des Codex Theresianus erreichen; es wäre Zeit, sich an den Inhalt jener Instruktion zu erinnern, mit der Maria Theresia die Umarbeitung dieses monströsen Gesetzentwurfes angeordnet hat.

A. Geltungsgebiet des Mieterschutzes

Das mieterschutzfreie Gebiet wird in drei Punkten erweitert:

1. In § 1, Z. 7 (Novelle von 1925) werden die am 31. Juli 1925 bloß als Sommerwohnungen vermieteten Räume vom Mieterschutze ausgenommen. Das stand schon in der Regierungsvorlage und soll nach dieser bloß Klarstellung des Gesetzesinhaltes sein. Ob die Novelle von 1925 wirklich diesen Inhalt hatte, kann man bezweifeln, immerhin ist diese Aenderung für die Gestaltung der Wohnungsverhältnisse nicht von Bedeutung [1]).

2. Gleichfalls die Novelle von 1925, also § 1, Z. 7 M. G. wird erweitert durch die Bestimmung, daß auch am 31. Juli 1925 vermietete, aber nachher an den Hauseigentümer übergegangene Räume dem M. G. nicht unterliegen, wenn sie noch am 1. Juni 1929 von ihm selbst zu Wohn- oder Geschäftszwecken benützt wurden und nach diesem Tage wieder vermietet werden. Von allzu großer Bedeutung wird wohl auch diese Aenderung, die mit dem Motiv der Novelle, dem Wohnungsmarkte neue Räume zuzuführen begründet wird, nicht sein. Offen bleibt die Frage, ob eine vorübergehende Vermietung zwischen dem Uebergange auf den Hausherrn und dem 1. Juni 1929 die Räume dem M. G. unterwirft. Da der Ausschußbericht bemerkt, daß eine zufällige Leerstehung am Stichtage das Privileg nicht begründet, wird es darauf ankommen, ob die Räume dauernd zur Vermietung bestimmt waren und nur zufällig unvermietet geblieben sind.

3. Die dritte Einschränkung des Mieterschutzes betrifft die Hausgärten (Art. I, Punkt 2) und andere mit einer Wohnung oder einem Geschäftsraum mitgemietete Grundstücke, wenn die von einer Mietpartei zur ausschließlichen Benützung gemietete Grundfläche 120 m² übersteigt. Das bedeutet eine Einschränkung des nach dem Ausschußberichte beabsichtigten Privilegs, aber auch für diese beschränkte Ausnehmung ist ein irgendwie durchschlagender Grund nicht zu finden, das um so weniger, als beispielsweise ein mit dem Geschäftsraume mitvermieteter Lagerplatz, der 120 m² übersteigt, nach dem Wortlaute nunmehr außerhalb des Mieterschutzes fallen müßte, während ihm ein selbständig vermieteter Lagerplatz nach § 1, Abs. 1 M. G. weiterhin unterworfen bleibt. Es bleibt abzuwarten, ob die Rechtsprechung die Nichtanwendung des M. G. nicht auf die nutzbaren Grundstücke einschränken wird, was nach der Zusammenstellung mit den Hausgärten immerhin gerechtfertigt werden könnte, während die nach dem Wortlaute eintretende Unterscheidung jeder inneren Berechtigung entbehrte. Die Befreiung der Hausgärten und Grundstücke tritt nur ein, wenn die von einer Partei ausschließlich gemietete Fläche mehr als 120 m² mißt. Ein von zwei Parteien oder vom Vermieter und Mieter gemeinsam

[1]) Siehe meine Ausführungen in Jur. Bl. 1928, 410.

benützter Garten bleibt also unter Mieterschutz. Das soll nach dem Ausschußbericht auch dann der Fall sein, wenn das Haus mitten im Garten liegt, so daß der Zutritt für alle Parteien nur durch den Garten möglich ist. Wie aber, wenn das Haus nicht „mitten“ im Garten liegt, sondern der Zugang nur durch einen sogenannten Vorgarten führt und die Benützung des eigentlichen Gartens einer einzigen Mietpartei vorbehalten ist?

Für die vom Mieterschutz ausgenommenen Gärten wird der Vermieter nun einen der Marktlage entsprechenden Zins verlangen zu können. Um aber für den Fall Vorsorge zu treffen, daß der Mieter hierauf nicht eingehen will, mußte bezüglich des Gartens die Möglichkeit einer Teilkündigung geschaffen werden. Das geschieht durch einen Zusatz zu § 22, Abs. 5 (Punkt 46). Das Recht hiezu ist beiden Vertragsteilen eingeräumt, u. zw. wohl auch dann, wenn zunächst eine Einigung zustandekommt und der Mieter erst später die Gartenbenützung aufgeben will. Für den Fall der Weitervermietung an einen Dritten gewährt das Gesetz dem Mieter innerhalb Jahresfrist ein Vormietrecht zu den Bedingungen, die mit dem Dritten vereinbart sind; den Eintritt in den Vertrag hat er binnen acht Tagen zu erklären. Für die früher erwähnte Aengstlichkeit, die das Gesetz mit zwecklosem Ballast beschwert, ist es kennzeichnend, daß von dem Eintritt „zu den vom Dritten ernstlich angenommenen Bedingungen“ gesprochen wird. Daß ein Scheingeschäft den Mieter nicht binden könnte, ergibt sich schon aus § 916 a. b. G. B. und braucht daher für die Vormiete nicht besonders gesagt zu werden. Solche zwecklose Gesetzesbestimmungen sind aber nicht harmlos, weil man Zwecklosigkeit in einem Gesetze nicht vermutet und deshalb immer die Gefahr besteht, daß an ein überflüssiges Wort der Umkehrschluß für andere Fälle geknüpft wird. Wenn der Ausschußbericht bemerkt, daß falsche Angaben des Hauseigentümers eine Schadenersatzpflicht begründen können, so ist das richtig; es folgt aus den allgemeinen Vertragsgrundsätzen. Die Verletzung des Vormietrechtes dadurch, daß der Hauseigentümer den Garten ohne vorherige Verständigung des früheren Mieters vergibt, kann auch nur eine Schadenersatzforderung auslösen; der alte Mieter kann also dem neuen den Garten nicht abnehmen. Das ergibt sich aus sinngemäßer Anwendung der Vorschriften über das Vorkaufsrecht, das auch gegen Dritte nur wirkt, wenn es verbüchert ist.

B. Die Zinsbildung

1. Gesetzlicher Zins

An die Stelle der bisherigen vier Bestandteile des gesetzlichen Mietzinses treten, wie dies schon die R. V. vorgesehen hatte, drei: Hauptmietzins, Betriebskosten und öffentliche Abgaben. Bei den öffentlichen Abgaben tritt nur eine ganz unbedeutende Aenderung ein, Punkt 10, die zugleich die Betriebskosten betrifft. Die Grundlage der Zinsberechnung (Vorkriegszins mit den in §§ 2, III und 3 M. G. enthaltenen Ergänzungen) bleibt unverändert. Anträge auf Ueberprüfung dieser Grundlage werden (Punkt 49) noch bis 1. Mai 1930 zugelassen, wenn der Vorkriegszins um mehr als ein Drittel von dem seinerzeitigen ortsüblichen Mietzins abweicht oder wenn der Mietgegenstand nach dem 1. Januar 1919 in seinem Bestande eine Aenderung erfahren hat oder wenn wegen Vorhandensein eines Personen- oder Lastenaufzuges gemäß § 5 II und III der Berechnung des gesetzlichen Mietzinses nicht der Jahresmietzins für 1914, sondern der ortsübliche Mietzins zugrunde zu legen ist.

a) Hauptmietzins

αα) Höhe. αα) Die von der R. V. vorgesehene Dreiteilung ist in etwas veränderter Gestalt beibehalten, auch die Begründung für sie ist im wesentlichen unverändert und daher nicht überzeugender als jene der R. V.[2]). Die erste Gruppe bilden die Mieträume in Wien; die zweite jene in Baden, Eisenstadt, Graz, Innsbruck, Klagenfurt, Linz, Mödling, Salzburg, St. Pölten, Steyr, Villach und Wiener-Neustadt; überdies können in diese Gruppe auch Gemeinden der Gerichtsbezirke Groß-Enzersdorf, Klosterneuburg, Liesing, Mödling, Purkersdorf, Schwechat und Wolkersdorf eingereiht werden, wenn durch Verordnung des Landeshauptmannes festgestellt wird, daß in den betreffenden Gemeinden die Mietzinse des Jahres 1914 nicht geringer waren als in Mödling, die dritte Gruppe bilden die übrigen Gemeinden.

ββ) Der Hauptmietzins kann in Wien im allgemeinen vom 1. August 1929 an das 2000fache, vom 1. August 1930 das 2400fache, vom 1. August 1931 das 2700fache des Jahresmietzinses vom 1. August 1914 betragen, erhöht sich aber bei einem Zins für 1914 von mehr als 1000 K für Wohnungen und mehr als 1200 K für Ge-

---

2) Siehe meine Bemerkungen in Jur. Bl. 1928, 411.

schäftsräume in jeder Stufe um das 300fache, so daß er für 1929 das 2300fache, für 1930 das 2700fache und für 1931 das 3000fache des Zinses von 1914 erreicht. In der zweiten und dritten Gruppe fehlt eine solche Unterscheidung. Der Zins beträgt an Vielfachem jenes von 1914 für die oben angegebenen Zeitpunkte in der zweiten Gruppe: das 2500-, 3000- und 3400fache; in der dritten Gruppe: das 3000-, 3600- und 4000fache. Um ein Bild von der Gesamtbelastung des Mieters zu erhalten, ist zu diesen Beträgen noch jener der Zinsgroschensteuer mit dem 100- bis 300fachen des Zinses vom Jahre 1914 hinzuzurechnen.

γγ) Für Mieter, die im Ausland wohnen, erhöht sich der nach der Darstellung unter ββ) zulässige Hauptmietzins um das 2000fache des Vorkriegszinses, es sei denn, daß sie infolge ihrer beruflichen Stellung im Auslande wohnen müssen oder daß es sich um solche Parteien handelt, die sich zu Unterrichtszwecken oder aus zwingenden beruflichen Gründen im Inlande befinden. Es sollen damit, wie der Ausschußbericht sagt, nur jene Fälle getroffen werden, in denen das Halten einer geschützten Wohnung als Luxus erscheint. Gemeint sind also wohl in erster Linie sogenannte Absteigquartiere. Ob diese Fälle so häufig sind, daß sich die Belastung des Gesetzes mit einer weiteren Sondervorschrift verlohnte, mag man billig bezweifeln.

β) Verwendung. Der Hauptmietzins übernimmt durch entsprechende textliche Aenderung der §§ 6 bis 9 (Punkt 56) die Funktion des bisherigen Grund- und Instandhaltungszinses. Er dient also zunächst zur Bestreitung der ordnungsmäßigen Instandhaltung und Verwaltung des Hauses und jener Erhaltungsarbeiten in den einzelnen Mieträumen, die durch ernste Schäden des Hauses verursacht werden. Andere Ausbesserungen in den einzelnen Mieträumen braucht der Vermieter aus dem Hauptmietzinse auch dann nicht zu bestreiten, wenn dieser hiezu ausreichen würde; die bezügliche Bestimmung des § 6, I M. G. ist aufgehoben. Durch einen Zusatz zu § 6, III wird klargestellt, daß zu dem aus dem Hauptmietzinse zu deckenden Tilgungserfordernis für das für größere Arbeiten verwendete Kapital auch die mit der Aufnahme fremden Kapitals und der bücherlichen Löschung verbundenen Kosten gehören (Punkt 14), was durchaus sachgemäß ist und auch ohne diese ausdrückliche gesetzliche Feststellung nicht hätte zweifelhaft sein sollen. Der Abzug, den der Vermieter vom Hauptmietzins nach § 6, IV M. G. zur Deckung der Verwaltungskosten machen kann, wird auf ein Zehntel dieses

Zinses erhöht (Punkt 16). Die Erhöhung mag für den Moment begründet sein, ungerechtfertigt ist es jedenfalls, die Tangente für die Verwaltungskosten mit dem Hauptmietzins steigen zu lassen, weil die Einhebung eines höheren Zinses diese Kosten nicht vermehrt. Da durch die Anrechnung des Bauschbetrages auf den Hauptmietzins dieser zur Deckung größerer Instandhaltungsarbeiten unzulänglich werden kann, ist es möglich, daß sie mittelbar auch zu einer weiteren Zinserhöhung führt.

γ) Erhöhung. An den durch § 7 M. G. normierten Voraussetzungen für die Erhöhung des Hauptmietzinses wird durch Punkt 18 insoferne etwas geändert, als nicht die Ersparungen überhaupt, sondern nur jene aus den letzten drei Jahren[3]) bei der Prüfung der Notwendigkeit einer Erhöhung zu berücksichtigen sind. Die Wahl der Frist ist natürlich willkürlich und kann nicht gut anders sein; keinesfalls besteht zwischen ihr und der kurzen Verjährungsfrist, auf die der Ausschußbericht verweist, ein innerer Zusammenhang. § 7 M. G. sprach bisher von den Ersparnissen der vorangegangenen Kalenderjahre, während nunmehr von den Ersparnissen der letzten drei Jahre die Rede ist. Diese Aenderung bedeutet, wie der Begründung der R.V. zu entnehmen ist, daß die Frist nicht nach Kalenderjahren, sondern vom Tage der Antragstellung zurückzurechnen ist. Punkt 20 stellt in § 7 M.G. einen neuen dritten Absatz ein, der bestimmt, daß ein weiterer Nachweis für die unbedingte Notwendigkeit der Erhaltungsarbeiten nicht mehr zu erbringen ist, wenn die Gemeinde auf Grund der Bauordnung einen rechtskräftigen Auftrag zur Beseitigung von Baugebrechen erteilt hat. Diese Vorschrift, die man für selbstverständlich halten sollte, wird in der R. V. damit begründet, daß die Praxis hier nicht einheitlich vorgegangen sei. Nach Punkt 19 darf der Zeitraum, innerhalb dessen die Auslagen aus den Hauptmietzinsen zu decken sind, 10 Jahre nicht überschreiten. Die Erhöhung des Hauptmietzinses durch Beschluß der Mietkommission entfällt (Punkt 17), wenn über die Deckung der Kosten für größere Instandhaltungsarbeiten zwischen dem Vermieter und dem Mieter eine „freie" Vereinbarung getroffen wird. Damit wird ein schon heute vielfach geübter Vorgang gesetzlich sanktioniert und, wie der Ausschußbericht zutreffend hervorhebt, verhindert, daß trotz einer solchen Vereinbarung die Mietkommission angerufen wird.

---

3) R.V. wollte nur die Ersparungen der letzten zwei Jahre berücksichtigen.

Wie bisher soll auch künftig der erhöhte Mietzins die einzelnen Mieter nach Verhältnis des bisherigen Hauptmietzinses treffen. Die Differenzierung der Hauptmietzinse in Wien und die Zulassung freier Vereinbarungen könnte aber Ungleichheiten hervorrufen. Deshalb bestimmt Punkt 19 zwingend, daß bei den Mieträumen in Wien von dem niedrigeren Mietzins, also dem 2000-, 2300-, 2700fachen auszugehen ist und ein Mieter, der wegen des höheren Vorkriegszinses bisher den höheren Hauptmietzins bezahlt hat, die Differenz in den erhöhten Hauptmietzins einrechnen kann. Das Gleiche gilt von einem höheren Mietzins, der auf Grund einer zulässigen Vereinbarung bezahlt wurde; zwingend ist aber diese Vorschrift nur für Vereinbarungen bei Neuvermietungen (§ 16, I neuer Fassung), während bezüglich der während der Mietdauer vereinbarten Erhöhungen (§ 16, II neuer Fassung) über die Frage der Einrechnung auch etwas anderes bedungen werden kann.

b) Betriebskosten.

Hier finden folgende Aenderungen statt:

α) Neben den Wasserleitungs- und Kanalisierungsgebühren werden die notwendigen Auslagen für die Erhaltung der bestehenden Wasserversorgung aus einem Hausbrunnen oder einer nicht öffentlichen Wasserleitung angeführt. Das hätte vielleicht auch aus dem bisherigen Wortlaute herausgelesen werden können, doch war wohl auch die Einreihung solcher Auslagen unter die Instandhaltungskosten möglich. In Hinkunft sind sie zweifellos neben dem Hauptmietzinse zu bezahlen. Um eine übermäßige Belastung der Mieter zu vermeiden, bestimmt deshalb der durch Punkt 25 geänderte § 14 M. G., daß diese Auslagen auf ein Jahr aufzuteilen sind, wenn die den einzelnen Mieter treffende Leistung 10 S übersteigt.

β) Neu eingeführt werden „die Kosten der angemessenen Versicherung des Hauses gegen Wasserleitungsschäden, sowie gegen Glasbruch hinsichtlich der Verglasung der der allgemeinen Benützung dienenden Räume im Hause, falls sämtliche Mieter dem Abschluß jeder dieser Versicherungen zustimmen". Das scheint mir eine ganz überflüssige Belastung des Gesetzes zu sein, weil vernünftigerweise doch nicht daran gezweifelt werden kann, daß die Mieter für Auslagen aufzukommen haben, die mit ihrer Zustimmung gemacht werden. Das Bestreben, der Denktätigkeit bei der Rechtsanwendung keinen Spielraum zu lassen, führt naturgemäß zur übertriebenen Kasuistik. Das hat denn zur Folge, daß die Praxis sich ängstlich an den Wortlaut klammert und den im Gesetze nicht erwähnten Fällen unsicher gegenübersteht. Es sind noch andere Versicherungen denkbar, z. B. eine solche gegen Maschinenbruch bei einer größeren Heizungs- und Lichtanlage. Wird da die neue Vorschrift sinngemäß angewendet oder ein Umkehrschluß aus ihr abgeleitet werden? Sachgemäß ist wohl nur das erste!

γ) § 2, Z. 5 (jetzt 6) M. G. erhält durch Punkt 7 einen Zusatz, daß die daselbst erwähnten Aufwendungen nicht auch die Kosten eigentlicher Instandhaltungsarbeiten umfassen. Nach dem A. B. ist hiebei an größere Arbeiten gedacht, die von Gemeindeunternehmungen an Beleuchtungs- oder Gasanlagen vorgenommen werden. Auch hier trifft das bei β) Gesagte zu. Da aber hier die Beispiele nicht im Gesetzestexte, sondern im A. B. stehen, ist die Gefahr des Umkehrschlusses wohl geringer. Man wird daher wohl auch größere Instandsetzungsarbeiten an den Kanälen nach der neuen Bestimmung behandeln müssen.

δ) Punkt 7 beseitigt auch die bisher vorhandenen Zweifel darüber, ob der Aufwand für die gesetzliche Krankenversicherung des Hausbesorgers zu den Betriebskosten gehört. In dem überall wahrnehmbaren Bestreben nach Regelung der casus rariores wird weiter bestimmt, daß in jenen Orten, in denen die Hausbesorgerordnung gilt, der Vermieter einen Anspruch auf das Reinigungsgeld hat, wenn kein Hausbesorger vorhanden ist und er die Reinigungsarbeiten selbst verrichtet oder durch eine von ihm bestellte Person verrichten läßt. Mir will es scheinen, als ob es angemessener gewesen wäre, im letzten Falle den Anspruch auf das Reinigungsgeld dieser bestellten Person zuzuweisen, der zum Hausbesorger offenbar nur die Wohnung und die Verleihung von Titel und Charakter eines solchen fehlt. Der A. B. fügt beruhigend hinzu, daß der Vermieter das Reinigungsgeld „natürlich" dann nicht verlangen könne, wenn die Mieter die Reinigungsarbeiten selbst verrichten. Ist das auch wirklich so sicher, daß man unterlassen konnte, auch das noch im Gesetze selbst zu sagen?

ε) Dem § 2 II M. G. wird endlich durch Punkt 8 noch hinzugefügt: „Die Kosten gesetzlich verfügter Neueinführungen, wie Anschluß an eine neu errichtete Wasserleitung oder Kanalisierung u. dgl., falls sie nicht als öffentliche Abgaben anzusehen sind, samt einer angemessenen Verzinsung und Tilgung, sowie den mit der Aufnahme fremden Kapitals dafür und der seinerzeitigen bücherlichen Löschung verbundenen Kosten." Die langatmige Begründung des A. B. bemerkt dazu, die Behandlung solcher Kosten sei bisher in der Praxis zweifelhaft gewesen und sagt dann weiter, man könnte sich ebensogut auch für ihre Deckung aus dem Hauptmietzinse entscheiden. Es ist bei dieser Sachlage wohl zu bezweifeln, daß diese Fälle so häufig sind, daß eine gesetzliche Regelung notwendig war. Auch hier wird wieder, wie in dem Falle unter a) zur Vermeidung einer übermäßigen Belastung der Mieter bestimmt, daß dieser Betriebskostenanteil nicht, wie sonstige Betriebskosten beim nächsten Zinstermin ganz zu bezahlen, sondern binnen drei Jahren in gleichen, an den einzelnen Zinsterminen fällig werdenden Raten zu entrichten ist. (Punkt 25; Aenderung des § 14 M. G.)

ξ) Punkt 9 bringt nur den Text des § 4 II in Uebereinstimmung mit den geänderten Bestimmungen über den Hauptmietzins und hat tatsächlich keine Bedeutung.

c) Aufteilung der Betriebskosten und öffentlichen Abgaben

§ 4 I M. G. wird durch Punkt 10 dahin ergänzt, daß bei der Aufteilung der Betriebskosten und öffentlichen Abgaben die Jahresmietwerte nicht unter Mieterschutz stehender Wohnbestandteile ebenso zu berücksichtigen sind, wie jene nicht vermieteter Räume. Das müßte aus dem Grundsatz verhältnismäßiger Verteilung auch ohne ausdrückliche Anordnung gefolgert werden. Der Ausschußbericht macht übrigens zutreffend darauf aufmerksam, daß diese Anordnung praktisch nur die Bedeutung hat, daß der auf mieterschutzfreie Räume entfallende Anteil an den Betriebskosten und öffentlichen Abgaben nicht von den anderen Mietern getragen werden muß; ob ihr Mieter ihn besonders zu bezahlen hat, hängt von dem Inhalt seines Mietvertrages ab.

d) Fälligkeit

Ein Zusatz zu § 14 I (Punkt 25) stellt es dem Mieter frei, den gesetzlichen Zins ohne Rücksicht auf die vereinbarten Zinstermine und ohne Berührung der dadurch vereinbarten Kündigungstermine monatlich zu bezahlen. Von der in § 14 II enthaltenen Regel über die Fälligkeit der

Betriebskosten und öffentlichen Abgaben werden die oben unter 1 b α und ε besprochenen Ausnahmen gemacht; überdies wird bestimmt, daß Betriebskosten, die vor mehr als einem Jahre fällig geworden sind, nicht mehr geltend gemacht werden können. Die Streitfrage, welche Wirkung es hat, wenn der Mieter die Zahlung des von ihm begehrten Zinses verweigert, weil er ihn für zu hoch hält, wird in Punkt 26 durch Abänderung des § 14 M. G. im Sinne des Judikates 23 vom 16. Juni 1926 dahin geregelt, daß den Mieter die Folgen schuldhaften Verzuges treffen, wenn das Begehren des Vermieters als gerechtfertigt erkannt wird. Das Verfahren über eine Zinsklage des Vermieters ist also zur Einholung der Entscheidung der Mietkommission zu unterbrechen, wenn der Mieter Unrechtmäßigkeit des Zinses einwendet; für die Kündigung nach § 19 II, Z. 1, wird an dieser Gesetzesstelle noch ein besonderer Zusatz gemacht.

2. Aufhebung der §§ 11 und 12 M. G.

Die Bestimmungen über den Ausgleichsfond und die Landesmietkommissionen werden aufgehoben; dadurch ergibt sich eine andere Zählung für die §§ 13 bis 18 M. G., welche nunmehr die Nummern 11 bis 16 erhalten. An die Stelle des § 18 treten drei Paragraphe, so daß die alte Zählung von § 19 an weiter läuft.

3. Anrechnung von Dienstleistungen auf den Mietzins

In § 13 M. G. werden die Worte „in einem Mietvertrage" gestrichen, weil sie angeblich den Eindruck hervorrufen könnten, als ob ein formeller Mietvertrag vorliegen müßte. Da es eine Formvorschrift für Mietverträge nicht gibt, ist der Sinn dieser Behauptung im Ausschußbericht etwas dunkel. Gemeint ist wahrscheinlich ein schriftlicher Vertrag. Daß dieses Mißverständnis während der Wirksamkeit des M. G. jemals wirklich vorgekommen wäre, wird nicht gesagt. Es handelt sich also um eine rein stilistische Verbesserung, die ohne Schaden auch hätte unterbleiben können.

4. Freie Vereinbarungen

Der Inhalt des bisherigen § 18 M. G. wird auf die neuen §§ 16, 17 in der Weise aufgeteilt, daß Abs. 1 und die Vorschriften über die Zulässigkeit freier Vereinbarungen den § 16, die Absätze 2 und 3 den § 17 bilden. Der neue

§ 18 enthält Vorschriften, die zwar durch die Zulassung freier Vereinbarungen veranlaßt worden sind, aber nicht die Zinsbildung betreffen, sondern dem Umfang des dem Mieter zustehenden Gebrauches regeln.

a) Bei oder vor Abschluß des Mietvertrages kann ein Hauptmietzins bedungen werden, der den gesetzlichen um das 2000fache des Vorkriegszinses übersteigt. Zugrunde zu legen ist dabei der allgemeine, nach § 2 Ia berechnete, nicht der erhöhte Zins nach § 7. Diese Regelung fand sich schon in der R. V. Sie wird vielleicht eine spürbare Aenderung des jetzigen tatsächlichen Zustandes nicht zur Folge haben, weil ja Wohnungen ohne „Ablöse" einfach nicht zu bekommen sind und nunmehr wenigstens der Anteil des Vermieters an diesen Ablösen auf eine gesetzliche Grundlage gestellt wird.

b) Nach sechsmonatlicher Dauer des Mietverhältnisses sind Zinsvereinbarungen ohne Beschränkung der Höhe zulässig, aber

α) in Wien nur bei einem Vorkriegsmietzins von über 2000 K bei Wohnungen und von über 4000 K bei Geschäftsräumen. Auch in den anderen Bundesländern ist zwischen Wohnungen und Geschäftsräumen zu unterscheiden. Bei Wohnungen mit höchstens zwei Wohnräumen ist die Vereinbarung eines höheren Hauptmietzinses nicht gestattet; in die Zahl der Wohnräume sind nach dem Ausschußbericht die Nebenräume nicht einzurechnen. Bei Geschäftsräumen richtet sich die Zulässigkeit der Vereinbarung wieder nach der Höhe des Zinses, und zwar ist die Grenze, oberhalb deren ein erhöhter Hauptmietzins vereinbart werden kann, in der zweiten Gruppe ein Vorkriegszins von 800 K, in der dritten Gruppe ein solcher von 400 K. Der Wortlaut des Gesetzes ist hier so schwerfällig, daß sein Sinn ohne den Ausschußbericht beinahe nicht gefunden werden kann. Bei der Bestimmung des für die Zulässigkeit der Vereinbarung maßgebenden Zinses sind Wohnungen und Geschäftsräume, auch wenn sie in einem Vertrage vermietet wurden, abgesondert in Anschlag zu bringen. Das Gleiche gilt für Wohnräume, die erkennbar der Berufsausübung gewidmet sind; dabei ist vornehmlich an Angehörige der freien Berufe gedacht;

β) nur bei Einhaltung gewisser Formvorschriften. Im Gegensatze zur R. V., die sich mit schriftlicher Feststellung „in irgend einer Form“ begnügen wollte [4]), ist nunmehr Schriftform im Sinne des § 886 a. b. G. B., d. h. als schriftliche Beurkundung des Vertrages, vorgeschrieben. Ueberdies wird in Gemeinden mit mehr als 5000 Einwohnern oder einem Bezirksgerichte entweder die Errichtung eines Notariatsaktes oder die Hinterlegung der einfachen Urkunde verlangt; die Urkunde ist von den Parteien persönlich oder durch Bevollmächtigte, im allgemeinen beim Vorsitzenden der Mietkommission und in Gemeinden ohne Bezirksgericht, aber mit mehr als 5000 Einwohnern beim Bürgermeister zu hinterlegen. Diese Unterscheidungen, zu deren Erkenntnis aus dem Gesetzestexte wieder der Ausschußbericht gute Dienste leistet, sind wohl überflüssig verwickelt und nur auf das das ganze Gesetz beherrschende Streben nach weitgehendster Spezialisierung zurückzuführen. Die Formvorschriften sollen, wie der Ausschußbericht sagt, die Mieter vor sich selbst schützen und deshalb wird noch angeordnet, daß das die Urkunde entgegennehmende Amtsorgan sich durch Befragung von der persönlichen Fähigkeit der Parteien, der Richtigkeit der Vollmachten, sowie von ihrem ernstlichen und wahren Willen zum Abschlusse der Vereinbarung zu überzeugen hat. Daß hierüber ein Protokoll aufzunehmen ist, steht zwar nicht im Gesetze, wohl aber im A. B. Die Kosten der Beurkundung und Hinterlegung trägt der Vermieter; für Vertretungs-(nicht bloß Anwalts-)kosten hat jede Partei selbst aufzukommen. Daß Erschwerung der Form wirklich Gewähr für Willensfreiheit und reifliche Ueberlegung bieten wird, darf man natürlich nicht glauben; aber es ist bei der allgemeinen Abneigung gegen „Scherereien“ immerhin möglich, daß sie in manchen Fällen den Abschluß von Zinsvereinbarungen verhindern werden. Die nach § 16 IV erforderlichen Notariatsakte und Urkunden sind zufolge Punkt 63 von Stempel- und Rechtsgebühren befreit.

c) Jener Teil des Hauptmietzinses, welcher den allgemeinen oder den nach § 7 erhöhten Hauptmietzins übersteigt, unterliegt nach dem Schlußsatze des neuen § 16 IV nicht den Verwendungsvorschriften der §§ 6 ff. M. G. Nach seiner Einreihung bezieht sich dieser Satz nur auf die während der Vertragsdauer abgeschlossene Vereinbarung; damit stimmt überein, daß § 7 II in seiner neuen Fassung die Einrechnung des bei Vertragsschluß vereinbarten Zinses

---

[4]) Siehe meine Ausführungen in Jur. Bl. 1928, 411.

in eine Erhöhung nach § 7 zwingend vorschreibt. Die Regel ist aber auch für die während der Vertragsdauer abgeschlossenen Vereinbarungen nur insoweit richtig, als der Erhöhungsbetrag nicht von der in § 6 geregelten allgemeinen Instandhaltungspflicht erfaßt wird. Kommt es aber zu einer Erhöhung nach § 7, dann gilt die Einrechnung nach § 7 II auch hier als Regel; nur ist diese nicht zwingend, es kann also auch die Nichteinrechnung vereinbart werden. Ist das aber nicht geschehen, dann ist der von der Einrechnung getroffene Teil der vereinbarten Erhöhung nach Vorschrift des § 7 zu verwenden.

d) Ueber freie Vereinbarungen zur Deckung der Kosten größerer Instandhaltungsarbeiten, die keiner Beschränkung und keiner Formvorschrift unterliegen, s. oben unter 1 a γ.

e) Bekanntlich sind die „freien Vereinbarungen" auf vielfachen Widerspruch gestoßen und ist namentlich die Befürchtung ausgesprochen worden, daß solche Vereinbarungen durch Schikanen von seiten der Vermieter erzwungen werden könnten. Um das zu vermeiden, macht das Gesetz gewisse Aenderungen am Mietgegenstande von der Zustimmung des Vermieters unabhängig; davon wird noch in anderem Zusammenhange zu sprechen sein. Demselben Zweck dient auch die ziemlich zusammenhanglos in § 16 IV eingestellte Bestimmung: „doch darf die Vereinbarung in keinem Falle gegen § 17, Abs. 1, verstoßen." § 17, Abs. 1 der neuen Fassung entspricht dem § 18, Abs. 2 alt und enthält die Aufzählung der ungültigen und verbotenen Vereinbarungen. Von diesen kommen hier wohl nur jene unter lit. b in Betracht: „Vereinbarungen, wonach der Mieter für den Verzicht des Vermieters auf die Geltendmachung eines Kündigungsgrundes dem Vermieter oder einem andern etwas zu leisten hat." Das würde eine sogenannte freie Vereinbarung natürlich auch dann ungültig machen, wenn § 16 IV nicht noch auf diese Bestimmung verwiese. Ob der Schutz des § 17 II, lit. b, sich wirksamer erweisen wird als das Ablöseverbot bleibt abzuwarten; sicher aber ist, daß die Wiederholung der Norm keine Verstärkung dieses Schutzes bedeutet.

f) Als neuen Fall einer verbotenen und ungültigen Vereinbarung wird im § 17 I c (früher § 18 II c) hinzugefügt: „oder, wonach von demjenigen, der Instandhaltungsarbeiten im Hause durchführt, dem Vermieter, dem Hausverwalter, einem Mieter oder einer dritten Person, die von einer dieser Personen bestimmt wurde, ein Entgelt für die Erteilung oder Vermittlung des Auftrages zur Vornahme der Arbeiten zu leisten ist." Die Unzulässigkeit der Zahlung einer Provision mittelbar oder unmittelbar an den Vermieter konnte schon aus dem alten Gesetze abgeleitet werden[5]. Das ausdrückliche Verbot dieses weit verbreiteten Unfugs und seine Ausdehnung auf die Mieter ist jedenfalls nicht von Nachteil; ob es sich als sehr wirksam erweisen wird, ist eine andere Frage.

g) Die Rückforderung gesetzwidriger Zahlungen, die gegen andere Vorschriften als jene des § 17 I verstoßen, wird von sechs auf drei Monate gekürzt, jene von Zahlungen aus einer bloß wegen Formwidrigkeit ungültigen Zinsvereinbarung gänzlich ausgeschlossen. Dieser Ausschluß entspricht dem Zweck der Formvorschrift; sie soll Ernstlichkeit und Freiheit des Willens gewährleisten; ihre Verletzung scheint daher unschädlich, wenn freiwillige Erfüllung beides bekundet. Die Vorschrift steht auch mit § 1432 a. b. G. B. im Einklang.

C. Inhalt des Rechtsverhältnisses

1. Die Verrechnungspflicht des Vermieters

Nach § 9 M. G. hat der Vermieter dem Mieter Einsicht in die Belege über die Betriebskosten und öffentlichen Abgaben und deren Aufteilung auf die einzelnen Mieter zu gewähren. § 9 gewährt dem Mieter am 1. Juni und 1. Dezember und sonst auf besonderes Verlangen das Recht auf Einsicht in die Belege über die Verwendung des Instandhaltungszinses. Die Einsichtnahme auf besonderes Verlangen wird nun durch Punkt 22 beseitigt, für die anderen Fälle der Einsichtnahme in Punkt 11 und 22 verfügt, daß der Vermieter seiner Pflicht genügt, wenn er die Belege beim Hausbesorger oder in Ermangelung eines solchen bei einer im Hause wohnhaften Partei auflegt. Diese Beschränkung ist geeignet, Schikanen des Mieters vorzubeugen und verletzt kein berechtigtes Mieterinteresse.

2. Instandhaltungspflicht des Vermieters

a) In der Begrenzung der Instandhaltungspflicht des Vermieters folgt das Gesetz der Regierungsvorlage: es ist also ungeachtet der dagegen rege gemachten Bedenken[6], die Vorschrift des § 6 M. G., welche den Ver-

[5] Vgl. Entsch. vom 17. April 1929, Jur. Bl. 1929, 284.
[6] Siehe meine Ausführungen in Jur. Bl. 1929, 412 f.

mieter verpflichtete, bei Zulänglichkeit des Instandhaltungszinses auch für Ausbesserungen in den einzelnen Mieträumen zu sorgen, gestrichen worden, so daß sich diese Pflicht auf die Instandhaltung des Hauses im Ganzen und auf die Beseitigung ernster Bauschäden in den einzelnen Wohnungen beschränkt. Innerhalb dieses Rahmens besteht aber die Pflicht zur Instandhaltung als privatrechtliche, aus dem Mietvertrage entspringende Verpflichtung weiter. Daran wird auch durch die Möglichkeit, gegen den Vermieter Verwaltungszwang zu üben, nichts geändert. Es steht eben dem Mieter, der die Instandhaltungspflicht des Vermieters in Anspruch nehmen will frei, zwischen dem Wege privatrechtlicher Klage aus § 1096 a. b. G. B. und jenem der Anrufung der Mietenkommission nach § 8 M. G. zu wählen. Von einer Unzulässigkeit des Rechtsweges kann deshalb keine Rede sein [7]).

b) Ebenfalls der R. V. entstammt die Vorschrift des Punktes 15, welcher durch Einstellung eines neuen vierten Absatzes in den § 6 M. G. im Falle einer Erhöhung des Hauptmietzinses durch eine zulässige freie Vereinbarung den § 1096 a. b. G. B. in vollem Ausmaße wieder in Kraft setzt. Die R. V. war hier unklar [8]). Das Gesetz sollte hier klarstellen, was gemeint war. Das scheint mir aber nicht ganz gelungen zu sein. Es ist jetzt allerdings klar, daß die Anwendbarkeit des § 1096 wegfällt, wenn der gesetzliche Hauptmietzins, der zur Zeit des Abschlusses der Zinsvereinbarung niedriger war als der vereinbarte, diesen infolge der vorgesehenen allmählichen Erhöhung übersteigt. Ebenso ist klar, daß die Anwendung des § 1096 eine Zinsvereinbarung voraussetzt und nicht schon bei einer Erhöhung des gesetzlichen Zinses nach § 7 M. G. eintritt. Folgerichtig muß sie aber auch entfallen, wenn ein vereinbarter höherer Zins später durch eine Erhöhung nach § 7 überholt wird. Das geht aus dem Wortlaute „Ist ein höherer Hauptmietzins rechtsgültig vereinbart, als ..... z u r Z e i t d e s A b s c h l u s s e s d e r Z i n s v e r e i n b a r u n g infolge gesteigerten Erhaltungserfordernisses durch § 7 begründet ist“..... nicht mit Deutlichkeit hervor, ja der Wortlaut scheint eher gegen diese Auslegung zu sprechen. Die Absicht des Gesetzes ist aber im A. B. S. 9 deutlich zum Ausdruck

---

7) Vgl K l a n g, Komm. 3, 30 und S t a g e l, G. Z. 1926, 251 und 1927, 43, dagegen aber Entsch. vom 10. März 1925 SZ. VI 72 und 11 VII 1928, Not. Z. 1929, 88 und Hofmannsthal G. Z. 1926, 332 und 1927, 139.

8) Vgl. meine Ausführungen in Jur. Bl. 1928, 412.

gebracht, wo es heißt: „Die Bestimmung gilt stets, wenn vereinbarungsgemäß ein höherer Mietzins zu entrichten ist, als jeweils das Gesetz ausdrücklich verfügt oder als § 7 rechtfertigt.“ Die Anwendung des § 1096 ist nicht zwingend, sondern nur „mangels anderweitiger Vereinbarung“ vorgeschrieben, es kann daher die Instandhaltung zwischen den Parteien auch anderweitig geregelt werden. Die Zulässigkeit solcher Abreden wird aber, wie A. B. zu § 7 zutreffend hervorhebt, durch jene Bestimmung des § 7 II beschränkt, welche die Einrechnung eines bei Vertragsabschluß vereinbarten höheren Zinses in den nach § 7 erhöhten Instandhaltungszins vorschreibt. Es darf also z. B. zwar in einer während der Dauer des Mietverhältnisses abgeschlossenen Vereinbarung bedungen werden, daß der Mieter die Kosten aller Instandhaltungsarbeiten abgesondert vergüten müsse; unzulässig ist es aber, dasselbe bei Abschluß der Miete zu vereinbaren, weil jene Kosten, die aus einer Erhöhung nach § 7 zu decken sind, nicht auf den Mieter schlechtweg überwälzt werden dürfen.

c) Verwaltungszwang. Nach § 8 M. G. hat die Mietenkommission bei der Ersatzausführung die Mieter anzuweisen, den Instandhaltungszins ganz oder zum Teile nicht an den Vermieter, sondern die Gemeinde oder den mit der Ausführung betrauten Dritten abzuführen. Da der Hauptmietzins durch drei Jahre für die Deckung der Erhaltungskosten gebunden bleibt, bedarf diese Vorschrift einer Ergänzung dahin, daß der Vermieter durch Beschluß der Mietenkommission anzuweisen ist, die zu Instandhaltungszwecken eingehobenen, aber nicht verwendeten Zinsbeträge an die Gemeinde oder den Dritten herauszugeben. Das verfügt Punkt 21 durch einen Zusatz zu § 8, Abs. II. Der Beschluß ist nach Ablauf der 14tägigen Frist vollstreckbar. Nach dem Wortlaute tritt die Vollstreckbarkeit in diesem Zeitpunkte stets ein, doch muß dem Vermieter die Rechtsbeschwerde nach § 28 offen stehen; bezüglich der Wirkung dieser Beschwerde auf den Vollzug kommt § 12 A. Str. G. in Anwendung. — Ist nach einer solchen Ersatzausführung über die Erhöhung des Hauptmietzinses nach § 7 I zu entscheiden, so sind zufolge des neuen Abs. 3 des § 7 (Punkt 20) der Entscheidung die von der Verwaltungsbehörde festgestellten Kosten zugrunde zu legen.

3. Gebrauchsrecht des Mieters

a) Es ist schon davon die Rede gewesen, daß der Ausschuß des Nationalrates den Bedenken gegen die Zulassung der sogenannten freien Vereinbarungen unter anderem dadurch zu begegnen suchte, daß er gewisse Aenderungen am Mietgegenstande von der Notwendigkeit der Zustimmung des Vermieters befreite (Punkt 32). Der zu diesem Zwecke neu geschaffene § 18 M.G. bestimmt, daß der Vermieter solche Aenderungen nicht untersagen dürfe, die einer baubehördlichen Bewilligung nicht bedürfen und entweder der Verkehrsübung entsprechen oder einem wichtigen Interesse des Mieters dienen, falls eine solche Aenderung weder das Haus schädigt, noch schutzwürdige Interessen des Vermieters oder der anderen Mieter und insbesondere die äußere Erscheinung des Hauses nicht beeinträchtigt und die Sicherheit nicht gefährdet. Als Beispiele solcher Aenderungen sind Einführung von Licht- und Kraftleitungen, von Gas, Wasser und Telephon ausdrücklich angeführt. Diese Bestimmung geht über den Zweck, der sie veranlaßte, hinaus; denn zur Hintanhaltung eines Mißbrauches der freien Vereinbarungen wäre es ausreichend gewesen, die Ausbedingung eines höheren Zinses aus solchem Anlasse zu untersagen, die Frage aber, ob der Mieter hiezu der Zustimmung des Vermieters bedürfe, offen zu lassen. Und das wäre auch besser gewesen. Die jetzt vorliegende Fassung legt nämlich einen Umkehrschluß für die mieterschutzfreien Wohnungen nahe und der A. B. unterstützt eine solche Auslegung, weil er von der „Aufnahme eines sämtlichen Mietern unter Mieterschutz stehender Räume zustattenkommenden § 18" spricht. Nach richtiger Auslegung des § 1098 a. b. G. B.[9]) ist aber die Zustimmung des Vermieters wenn auch nicht bei allen in § 18 angeführten, so doch bei einigen dieser Aenderungen entbehrlich. Man wird z. B. heutzutage die Einführung des Telephons kaum von der Zustimmung des Vermieters abhängig machen können[10]), während der Vermieter meiner Meinung nach nicht verpflichtet ist, die Anbringung von Leitungen zu gestatten, die erhebliche Eingriffe in das Mauerwerk notwendig machen. Ich möchte aber die Zulässigkeit des erwähnten Umkehrschlusses ablehnen, einmal wegen der eng umschriebenen Absicht des neuen § 18 und sodann deshalb, weil es mir doch ungereimt erschiene, aus einer Bestimmung, die den Rechtskreis des Mieters in geschützten Wohnungen erweitern will, eine Einengung dieses Rechtskreises in nicht geschützten Wohnungen abzuleiten. In diesen richtet sich die Art des

---

9) Vgl. Klang, Komm. 3, 37 f.

10) Vgl. auch § 37 El. W. G. und E. v. 17. Juli 1928, SZ. X, 201.

dem Mieter gestatteten Gebrauches auch weiterhin nach der Vorschrift des richtig verstandenen § 1098 a. b. G. B.

b) Die Voraussetzungen, unter welchen ein Mieter Aenderungen ohne Zustimmung des Vermieters vornehmen kann, sind im Gesetze so klar bestimmt, daß darüber Zweifel kaum auftauchen können. Daß der Mieter die Kosten solcher Aenderungen tragen muß, ist wohl so selbstverständlich, daß es nicht ausdrücklich hätte gesagt werden müssen. Auch die Pflicht des Mieters zur Wiederherstellung des vorigen Standes, die ausdrücklich festgestellt wird, folgt schon aus § 1109 a. b. G. B.

c) § 18, Abs. 4, bestimmt: Werden zur Aenderung Teile des Hauses in Anspruch genommen, die vom Mieter nicht schon auf Grund der Miete benützt werden können, so hat dafür der Mieter dem Vermieter auf Verlangen eine angemessene Entschädigung zu leisten." Das macht reichlich Zweifel rege:

α) Manche der nach Abs. 2 ohne Zustimmung des Vermieters zulässigen Aenderungen sind ohne Inanspruchnahme nicht gemieteter Hausteile kaum denkbar, so namentlich die Einleitung von Wasser oder Licht. Man könnte also die Bestimmung des Abs. 4 so auslegen, daß der Vermieter eine solche Einleitung zwar nicht untersagen, aber für die Benützung nicht gemieteter Teile hiezu ein Entgelt verlangen dürfe. Der A. B. (S. 12) belehrt uns aber, daß für solche Einleitungen, „natürlich" keine Entschädigung zu leisten sei, und das entspricht, wenn es auch im Wortlaut des Gesetzes nicht enthalten ist, offenkundig dem Zwecke, die Ausnützung solcher Anlässe zur Erlangung von Mehrleistungen des Mieters hintanzuhalten. Aus dem gleichen Grunde kann Abs. 4 auch auf die übrigen unter Abs. 1 fallenden Aenderungen keine Anwendung finden.

β) Ein Entgelt kann demnach der Vermieter nur von solchen Aenderungen verlangen, die nicht unter Abs. 1 fallen. Solche Aenderungen darf aber der Mieter ohne seine Zustimmung überhaupt nicht vornehmen. Das ergibt zwar nicht der Wortlaut, wohl aber der Umstand, daß der Mieter ja im allgemeinen Veränderungen an dem Bestandgegenstand nicht eigenmächtig vornehmen darf. Der gedankliche Gegensatz zwischen den Fällen der Absätze 1 und 4 hat eben im Gesetze einen höchst mangelhaften Ausdruck gefunden. Die Absicht war, Aenderungen, die dem Interesse des Mieters dienen, ohne ein solches des Vermieters zu verletzen, nicht zur Ursache einer Erhöhung des Hauptmietzinses werden zu lassen. Statt das klar zu sagen, hat das Gesetz den Umweg gewählt, dem Mieter die Vornahme solcher Aenderungen auch ohne Zustimmung des Vermieters zu gestatten, bei den nicht hieher gehörigen Aenderungen aber nur die Zulässigkeit der Leistung eines Entgeltes hervorgehoben und damit den Unterschied zwischen beiden Gruppen verdunkelt.

γ) In Abs. 4 ist von Teilen des Hauses die Rede, die der Mieter nicht schon auf Grund der Miete benützen kann. Wie weit das Benützungsrecht des Mieters geht, ist nach § 1098 a. b. G. B. zu beurteilen. Er wird also ohne Entgelt Ankündigungstafeln an der Außenfläche der von ihm gemieteten Räume anbringen dürfen, für Reklamen an anderer Stelle des Hauses aber der Zustimmung des Vermieters bedürfen und auf dessen Verlangen ein Entgelt zu zahlen haben [11]).

δ) Ueber die Angemessenheit der nach Abs. 4 gebührenden Entschädigung hat nach Punkt 48 (Einschaltungen in §§ 26 I und 29 I) die Mietkommission zu entscheiden.

4. Exekutionsbeschränkungen (Punkt 59 und 60)

a) α) § 42 M. G. geht, wie schon die R. V. hervorgehoben hat, über seinen Zweck insoferne hinaus, als er auch Verfügungen über die Mietzinse unmöglich macht, die ein zu Instandhaltungszwecken dienendes Darlehen sichern sollen [12]). Das wird jetzt durch einen Zusatz zu Abs. 2 dahin geändert, daß die Abtretung oder Verpfändung von Hauptmietzinsen für diesen Zweck nicht ausgeschlossen sein soll. Die Wirkung einer solchen Verfügung dritten Personen gegenüber wird aber von einer Anmerkung im öffentlichen Buche abhängig gemacht, bei deren Bewilligung die Vorlage einer einverleibungsfähigen Urkunde verlangt wird. Wo die Anmerkung vorzunehmen ist, wird nicht gesagt. Diese Frage zu beantworten ist nicht leicht, weil es sich um die Eintragung einer Verfügung handelt, die kein Buchobjekt trifft. Man wird also fragen müssen, wen die Anmerkung schützen soll. Eine Verfügung über den Hauptmietzins ist nun sicher ebenso für den Erwerber, wie für den Kreditgeber von Interesse, der es beleihen soll. Zweckmäßig müßte daher die Anmerkung im Eigentums- und im

---

[11]) Klang, Komm. 3, 37.

[12]) Ein ähnlicher Fall liegt bei der Feuerversicherungsentschädigung vor (§ 290, Z. 2 im Zusammenhalte mit § 293 II EO.)

Lastenblatte vorgenommen werden; die Analogie der Anmerkung nach § 1102 versagt, weil diese die Einverleibung des Bestandrechtes voraussetzt.

β) Der Zusatz zu § 42 bestimmt weiter, daß im Falle einer der unter α) erwähnten Verfügung die Mietzinse nicht als Nutzungen und Einkünfte, Erträgnisse oder Früchte im Sinne der §§ 97, 109 III, 119 I und 156 I E. O. anzusehen sind. Durch diese Fiktion soll die Anwendung der angeführten Gesetzesstellen ausgeschlossen werden, um die Rechtswirksamkeit einer Abtretung oder Verpfändung auch in der Zwangsverwaltung und Zwangsversteigerung des Hauses zu sichern.

γ) Es scheint mir ein offenkundiges Versehen, daß in § 42 I die Verweisung auf § 2, Abs. 1, Punkt b bis d nicht geändert worden ist. Da die Zählung jetzt nur bis c) geht, muß dieses Versehen durch die Auslegung verbessert [12a]) werden. Daß die Exekution auf den Instandhaltungszins beschränkt war, war in der Unzulänglichkeit für seinen Zweck begründet. Von den durch freie Vereinbarung festgesetzten Zinsen gilt ein Gleiches nicht. Die Exekutionsbeschränkung kann sich daher nur auf die Betriebskosten und öffentlichen Abgaben und auf den gesetzlich bestimmten Hauptmietzins beziehen.

b) § 42 erhält einen dritten Absatz: „Den Bestimmungen des Gesetzes unterliegende Mietrechte können vom Hauseigentümer zugunsten einer von ihm durch Abtretung erworbenen Forderung nicht in Exekution gezogen werden." Diese zunächst unverständliche Bestimmung hat nach A. B. 19 darin ihren Grund, daß es „dem Vernehmen nach" (!) vorkomme, daß Hauseigentümer durch Exekutionen auf Grund abgetretener Forderungen die Mieter um ihr Geschäft zu bringen versuchen; das soll verhindert werden;

c) Durch einen vierten Absatz des § 42 werden Mietrechte an geschützten Wohnungen der Exekution insoweit entzogen, als sie für den Mieter und die mit ihm im gemeinsamen Haushalt lebenden Familienangehörigen unentbehrliche Wohnräume betreffen. Da die Exekution auf Bestandrechte mangels einer Verwertungsmöglichkeit meist erfolglos bleibt, ist das wohl nicht von großer praktischer Bedeutung; eine Vereinfachung wäre es gewesen, Exekutionen auf solche Bestandrechte überhaupt auszuschließen[13]).

[12a]) Die Textverordnung Nr. 210, B. G. Bl. korrigiert eigenmächtig in „a – c".

[13]) Vgl. Baum, Jur. Bl. 1928, 23.

D. Endigung des Mietverhältnisses

1. Kündigungsgründe

Die Vorschriften über die Kündigungsgründe sind auf die Möglichkeit einer Aenderung sehr gründlich durchforscht und es ist von jeder Möglichkeit Gebrauch gemacht worden. Daß die zahlreichen und nicht immer sehr bedeutungsvollen Aenderungen gerade auf diesem Gebiete zweckmäßig waren, wird man bezweifeln dürfen.

a) § 19 II, Z. 1 (Zinsrückstand) wird dahin ergänzt, daß die Nachfrist, nach deren Ablauf erst gekündigt werden kann, mindestens acht Tage betragen muß. Weiters wird bestimmt, daß bei einer Erhöhung des Hauptmietzinses nach § 7 dieser Kündigungsgrund erst vorliegt, wenn die Mietkommission auf Zulässigkeit der Erhöhung erkannt hat oder eine gültige Vereinbarung darüber zustandegekommen ist. Das könnte im Sinne des Judikates 23 (s. oben B 1 d) dahin verstanden werden, daß der Kündigungsprozeß bis zur Entscheidung über die Zulässigkeit der Erhöhung zu unterbrechen ist, soll aber nach A. B. S. 13 dahin verstanden werden, daß vor diesem Zeitpunkte nicht gekündigt werden darf.

b) In § 19 II, Z. 3 (rücksichtsloses Benehmen) wird die unbedingte Haftung des Mieters für das Verhalten seiner Ehegattin dahin beschränkt, daß er für dieses, wie für das anderer mit ihm zusammenwohnender Familienmitglieder nur einzustehen hat, wenn er die ihm mögliche Abhilfe unterließ.

c) § 19 II, Z. 4 enthält schon in seiner gegenwärtigen Fassung zwei sachlich nicht zusammengehörige Tatbestände, nämlich:

α) erheblich nachteiligen Gebrauch der Mietsache durch den Mieter; hier fügt das Gesetz neu hinzu „namentlich den Mietgegenstand in arger Weise vernachlässigt". Bei richtiger Auffassung umfaßt wohl „nachteiliger Gebrauch" auch die Vernachlässigung; es liegt also sachlich keine Neuerung vor, die Aenderung entspringt nur dem Streben nach eingehender Kasuistik, die das ganze Gesetz kennzeichnet.

β) Der zweite Tatbestand ist vollkommen neu gefaßt: „oder das Gebäude, in dem sich der Mietgegenstand befindet, infolge seines gesundheitswidrigen oder baufälligen Zustandes abbruchreif ist, oder mit dem Abbruch des Gebäudes die Errichtung einer neuen Wohnbauanlage mit mehr

Wohnraum als bisher sichergestellt ist; insbesondere müssen die dafür erforderlichen Mittel zur Verfügung stehen". Also wieder zwei Tatbestände, nämlich: αα) Abbruchreife. Das entspricht im wesentlichen dem bisherigen Rechte, nur daß die Notwendigkeit der Feststellung durch die Baubehörde künftig entfällt; damit ist die Antinomie beseitigt, daß nach § 1118 a. b. G. B. die Auflösung des Bestandvertrages unter leichteren Bedingungen möglich war, als die Kündigung [14]). Daß nunmehr als Gründe der Abbruchreife „gesundheitswidriger oder baufälliger Zustand" angeführt werden, ist wieder keine sachliche Aenderung, sondern zwecklose Kasuistik. ββ) Errichtung einer neuen Wohnbauanlage. Das ist ein Kündigungsgrund, auch wenn das Gebäude noch nicht abbruchreif ist. Die neue Anlage muß aber mehr, nicht wie A. B. sagt, mindestens ebensoviel Wohnraum enthalten. Ihre Errichtung muß sichergestellt sein; dazu gehört, was ausdrücklich hervorgehoben wird, auch die Bereitstellung der erforderlichen Geldmittel. Worin die Sicherstellung sonst bestehen soll, ist schwer erfindlich; mit der Vorlage eines Bauplanes und einer Baubewilligung wird man sich wohl begnügen müssen. Eine wirkliche Sicherstellung ist freilich auch das nicht, doch bildet die Strafbestimmung des § 43 II eine wirksame Sanktion. Daß auf den Grund des abzureißenden Gebäudes wieder ein Gebäude kommt, ist nach A. B. S. 14 nicht notwendig; es soll genügen, wenn auf ihn Hofräume oder Gärten oder sonstige Gemeinschaftsanlagen für die Mieter entfallen.

d) § 19, Z. 5 erhält einen Zusatz, nach welchem die dort vorgeschriebene Interessenabwägung entfällt, wenn es sich um die Unterbringung eines Ausgedingers in einem Hause handelt, das vor dem 1. August 1914 für diesen Zweck bestimmt war. Das wäre an sich klar und unbedenklich. Aber die neue Norm ist an falscher Stelle angeknüpft: § 19, Z. 5 behandelt den Eigenbedarf für den Vermieter und für Verwandte in absteigender Linie, Ausgedinger aber gehören gewöhnlich der aufsteigenden Linie an. Es muß also, wenn die neue Norm nicht wirkungslos sein soll, nicht nur von der Interessenabwägung, sondern auch davon abgesehen werden, daß es sich um einen Verwandten in absteigender Linie handeln muß. Folgerichtig ist aber der Kündigungsgrund auch in den seltenen Fällen vorhanden, in denen der Ausgedinger mit dem Hauseigen-

[14]) Klang, Komm. 3, 89.

tümer überhaupt nicht verwandt ist. Die Bestimmung, welche die sogenannten neuen Eigentümer von der Kündigung wegen Eigenbedarfes ausschließt, hat eine neue Fassung erhalten, die klarer sein soll als die bisherige, sich aber inhaltlich von ihr nur dadurch unterscheidet, daß sich die Ausschließung auf den Kündigungsgrund nach § 19 II, Z. 6 nicht mehr bezieht. (Punkt 42.) Das ist gerechtfertigt, weil ja die Kündigung nach Z. 6 eine Befriedigung des Wohnbedarfes des Mieters voraussetzt und deshalb kein Grund vorliegt, einen neuen Hauseigentümer schlechter zu stellen.

e) **§ 19, Z. 6** wird dahin geändert, daß der Ersatz bei Geschäftsräumen „nach Lage und Beschaffenheit“ angemessen, bei Wohnungen aber entsprechend sein muß. Da man zwischen „angemessen“ und „entsprechend“ auch mit dem schärfsten Vergrößerungsglase einen Unterschied nicht entdecken kann, so liegt dieser in dem Wegfall des Maßstabes „nach Lage und Beschaffenheit“. In der Tat sucht der A. B. die Notwendigkeit eines verschiedenen Maßstabes für Geschäftsräume und Wohnräume in eingehender Begründung darzutun, fügt aber dann hinzu: „Damit soll nicht gesagt sein, daß es in Hinkunft bei Wohnungen auf Lage und Beschaffenheit der Ersatzräume gar nicht ankommen soll; alles wird berücksichtigt werden müssen.“ Wozu der Lärm? Auch in Hinkunft wird richterliches Ermessen über die Zulänglichkeit des Ersatzes entscheiden und da ist es wohl unvermeidlich, daß die eine oder andere Entscheidung für den einen oder anderen Teil unbefriedigend ausfällt.

f) **In § 19,** Z. 8 haben die Worte „von ihm“ zu entfallen. Begründung: „Die Worte sind überflüssig, unter Umständen sogar irreführend.“ A. B. S. 15. Es erübrigt sich, an solche „Novellistik“ ein Wort der Kritik zu knüpfen.

g) α) **In § 19, Z. 10** wird nach dem Vorgange der R. V. eine durch den Fortfall des Anforderungsgesetzes entstandene Lücke geschlossen, indem nun auch die gänzliche Weitervermietung von Wohnungen als Kündigungsgrund erklärt wird. Hingegen bleibt der Kündigungsgrund der Weitervermietung eines Teiles der Mieträume zu übermäßigem Zins auch weiterhin auf Geschäftsräume beschränkt, was in der R. V. damit erklärt wird, daß sonst die Auswirkung der Novelle von 1925 — Vermehrung des Angebotes an einzelnen Wohnräumen — beeinträchtigt würde.

β) Das Bestreben, auch casus rariores im Gesetze zu regeln, hat zu einer weiteren Ergänzung geführt. Es soll keinen Kündigungsgrund bilden, wenn der Mieter die Wohnung gewissen Familienangehörigen überläßt; diese Ueberlassung hat er dem Vermieter anzuzeigen und „von da an gelten die zurückbleibenden Angehörigen als Mieter und sind für den Mietzins zur ungeteilten Hand zahlungspflichtig“. Das ist offenbare Gewalt gegen den Vermieter, der plötzlich einen anderen Mieter substituiert bekommt, ohne auch nur seine Zahlungsfähigkeit prüfen zu können. Diese Schwäche scheint man gefühlt zu haben; denn der A. B. S. 15 behauptet: „Der bisherige Mieter scheidet durch die Ueberlassung allein noch nicht als Mieter aus, sondern bleibt für den Mietzins zahlungspflichtig.“ Daran wäre kein Zweifel, wenn das Gesetz nicht die Familienangehörigen als Mieter erklärt hätte. Man muß also das Gesetz so lesen, wie wenn dort stünde: „Die zurückbleibenden Angehörigen sind zur ungeteilten Hand mit dem Mieter für den Mietzins zahlungspflichtig.“

Die Angehörigen, denen der Mieter die Wohnung überlassen kann, sind: Ehegatte (Wirtschaftsführerin), Verwandte in gerader Linie, einschließlich der Wahlkinder und Geschwister. Um aber dafür zu sorgen, daß die Möglichkeit der Ueberlassung nicht zu Schiebungen verwendet werde, fordert das Gesetz, daß die Angehörigen mit dem Mieter durch eine Mindestzeit in gemeinsamem Haushalte gelebt haben. Die Zeit ist bei Geschwistern auf die letzten fünf Jahre, bei den übrigen auf die letzten zwei Jahre bestimmt; diese Differenzierung ist sachlich kaum begründet. Die weitgehende Kasuistik treibt aber notgedrungen immer weiter. Kinder können nicht vor ihrer Geburt mit den Eltern, Ehegatten — wenigstens nicht in dieser Eigenschaft — vor der Verehelichung mit dem Ehegatten in gemeinsamem Haushalte wohnen. Deshalb erhält § 19 III einen Zusatz (Punkt 43): „Dem mehrjährigen Aufenthalt in der Wohnung ist es gleichzuhalten, wenn der betreffende Angehörige die Wohnung seinerzeit mit dem „bisherigen“ [15]) Mieter gemeinsam bezogen hat, beim Ehegatten auch, wenn er seit der Verehelichung, und bei Kindern auch, wenn sie seit ihrer Geburt in der Wohnung gewohnt haben.“ Daß ein noch nicht zweijähriges Kind allein in der Wohnung zurückbleibt, ist allerdings wenig wahrschein-

---

[15]) Das Gesetz scheint also entgegen dem A. B. doch auf dem Standpunkte zu stehen, daß der alte Mieter ausscheidet!

lich. Aber auch diesem sorgsamen Gesetzgeber, der die entferntesten Fälle regelt, ist hier ein Fall entgangen. So wie die Ehe bei Abgang des Mieters noch nicht zwei Jahre gedauert haben kann, so ist es auch möglich, daß in der Wohnung ein Wahlkind zurückbleibt, dessen Annahme an Kindesstatt noch nicht zwei Jahre zurückliegt. Hier wird man doch zur sinngemäßen Rechtsanwendung die Zuflucht nehmen und ebenso, wie beim Ehegatten, dahin entscheiden müssen, daß es genügt, wenn dieses Wahlkind seit der Annahme an Kindesstatt in der Wohnung untergebracht war.

h) Ein für die Praxis wirklich unlösbares Rätsel des bisherigen Gesetzes löst die Aenderung in **§ 19 II, Z. 11.** Beim Tod des Mieters werden in der Innehabung der Wohnung nur mehr geschützt: der Ehegatte (die Wirtschaftsführerin), Verwandte in gerader Linie, einschließlich der Wahlkinder und die Geschwister. Auch hier wird ein Mindestmaß gemeinsamen Haushaltes mit dem Mieter verlangt, das in derselben Weise geregelt ist, wie die Gemeinsamkeit in § 19, Z. 10; auch die Ausnahme des § 19 III hat hier Geltung. Die Kollision mit anderen Erben des Mieters wird ebenso geregelt wie im alten Texte, nur wird ausdrücklich gesagt, daß die eintretenden Angehörigen die andern zur Erbfolge im allgemeinen berufenen Personen von jener in den Mietvertrag ausschließen. Ist unter den eintrittsberechtigten Personen eine Erbe, während die anderen nicht Erben sind, so liegt kein Anlaß vor, von der gemeinen Erbfolge abzuweichen; der Erbe allein tritt in den Mietvertrag ein. (A. B. S. 16.)

i) Ein neuer Kündigungsgrund wird als **§ 19 II, Z. 13** eingeführt. Er lautet: Wenn „der Mietgegenstand nicht zur Befriedigung regelmäßigen Wohnungsbedürfnisses oder regelmäßiger geschäftlicher Betätigung verwendet wird, es sei denn, daß der Mieter zu Kur- oder Unterrichtszwecken oder aus zwingenden beruflichen Gründen abwesend ist". Gegen diese Neuerung ist um so weniger einzuwenden, als sachgemäße Auslegung schon nach dem alten Gesetze zu demselben Ergebnis hätte führen müssen, wie ja auch gelegentlich Entscheidungen in diesem Sinne ergangen sind[16]). Die neue Norm verlangt nicht, daß der Mieter selbst den Mietgegenstand benütze; auch wenn ein anderer ihn benützt, liegt der Kündigungsgrund nach § 19 II, Z. 13 nicht vor (A. B. S. 16). Ob trotzdem gekündigt

---

[16]) Siehe Entsch. 1. Juli 1924 bei Sternberg, Wohnungsgesetze 225, Note 4.

werden kann, ist nach § 19, Z. 10 zu beurteilen. Auch längere Unterbrechungen begründen den Kündigungsgrund nach Z. 13 nicht immer; der A. B. weist in diesem Zusammenhange auf mehrmonatigen Landaufenthalt hin, man wird aber auch Unbenütztheit der Wohnung infolge längerer Freiheitsstrafe nicht schlechtweg als Kündigungsgrund ansehen dürfen.

k) Vereinbarungen über Erleichterung der Kündigungsmöglichkeit (§ 19 VI) bleiben weiter ungültig. Neben den schon bisher zulässigen Vereinbarungen zwischen Haupt- und Untermieter wird aber auch eine Vereinbarung gestattet, durch die ein bestimmter Fall dringenden Eigenbedarfs des Vermieters für sich oder für Verwandte in gerader Linie oder für ein Unternehmen, für das der Vermieter allein oder in Gemeinschaft mit anderen Personen vertretungsbefugt ist, als Kündigungs- oder Auflösungsgrund bezeichnet wird. Es ist kaum anzunehmen, daß diese Vorschrift ein großes Anwendungsgebiet erlangen wird, weil sich die künftigen Fälle des Eigenbedarfs nicht leicht voraussehen lassen und eine bestimmte Bezeichnung des Kündigungsgrundes verlangt wird. Am ehesten läßt sich eine solche Vereinbarung für den Fall künftiger Verehelichung des Vermieters oder eines seiner Kinder denken. Auch ist es zulässig, daß sich der Vermieter eines Geschäftes die Kündigung für den Fall vorbehält, daß ihm sein eigenes, anderwärts gelegenes Geschäft gekündigt werden sollte u. dgl. m. Tritt der voraus vereinbarte Kündigungsgrund ein, so bedarf es keiner Interessenabwägung nach Abs. II, Z. 5 (A. B. S. 17); das ergibt sich daraus, daß sonst die Gestattung einer solchen Vereinbarung rechtlich bedeutungslos wäre, weil nach Z. 5 auch ohne sie gekündigt werden könnte.

2. Aufhebung nach § 1118 a. b. G. B.

Nach § 1118 a. b. G. B. kann der Vermieter die frühere Aufhebung des Vertrages fordern, wenn der Mieter nach geschehener Einmahnung mit der Bezahlung des Zinses dergestalt säumig ist, daß er mit Ablauf des Termines den rückständigen Bestandzins nicht vollständig entrichtet hat. Termin bedeutet hier die gesetzliche oder vertragsmäßige Zinsperiode, so daß der Auflösungsfall gegeben ist, wenn der Bestandnehmer mit zwei Zinsraten im Rückstande bleibt[17]). Bis zur Erklärung der Auflösung

[17]) Vgl. Klang, Komm. 3, 88.

durch den Vermieter, die auch außergerichtlich erfolgen kann[18]), kann der Mieter die Verzugsfolgen durch Nachzahlung des Zinses beseitigen; zur Behebung der in § 1118 geregelten Verzugsfolge genügt die Nachzahlung einer der beiden rückständigen Zinsraten. Punkt 45 fügt nun dem § 21 M. G. einen neuen Absatz 3 hinzu, der lautet: „Die Bestimmungen des Absatz 2 finden sinngemäß Anwendung auf Rechtsstreitigkeiten wegen Aufhebung der Miete und Räumung des Mietgegenstandes, wenn der Klageanspruch darauf gegründet ist, daß der Mieter nach geschehener Einmahnung dergestalt säumig war, daß er mit Ablauf des Termins den rückständigen Bestandzins nicht vollständig entrichtet hatte (§ 1118 a. b. G. B.)." Diese Bestimmung wird vom A. B. damit begründet, daß soziale Erwägungen die sinngemäße Anwendung der Vorschriften über die Nachzahlung auf die Räumungsklage wegen Zinsrückstand erheischen. Uebersehen ist dabei, daß unter den gegenwärtigen Verhältnissen der Auflösungsgrund zwar gewöhnlich im Wege der Klage geltend gemacht werden muß, daß dies aber keine gesetzliche Voraussetzung für die Wirksamkeit der Auflösungserklärung des Vermieters ist. Es ist daher zu unterscheiden:

a) Klagt der Vermieter auf Aufhebung der Miete und Räumung der Wohnung, so kann der Mieter der Räumung dadurch entgehen, daß er vor Schluß der Verhandlung erster Instanz den geschuldeten Betrag entrichtet; dann ist die Klage abzuweisen, der Mieter aber wird kostenpflichtig, wenn er es ohne die Zahlung geworden wäre, d. h. der Vermieter im Rechtsstreite obsiegt hätte. Voraussetzung ist aber, daß die Säumigkeit in der Zahlung nicht auf grobes Verschulden zurückzuführen ist. Wenn der A. B. S. 17 bemerkt, daß Notlage, insbesondere wegen Arbeitslosigkeit grobes Verschulden ausschließe, so wird man das in dieser Allgemeinheit nicht gelten lassen können, weil ja sowohl die Notlage im allgemeinen, als auch die Arbeitslosigkeit im besonderen durch grobes Verschulden verursacht sein kann; richtig ist daher an der Bemerkung des A. B. nur, daß Notlage und Arbeitslosigkeit an sich noch kein grobes Verschulden begründen. Die Abweichung vom bisherigen Rechtszustande besteht nun einmal darin, daß eine Behebung der Verzugsfolgen auch nach der in der Klage gelegenen Auflösungs-

[18]) Vgl. Klang, Komm. 3, 85

erklärung noch gestattet ist; sie wirkt also unbedingt vertragsvernichtend nur mehr dann, wenn grobes Verschulden vorliegt, d. h. das Recht des Vermieters zum Rücktritt vom Vertrage setzt künftig nicht, wie nach a. b. G. B. einfachen, sondern qualifizierten Verzug voraus; bei einfachem Verzug kann es durch Nachzahlung beseitigt werden. Anderseits genügte nach a. b. G. B. zur Behebung der Verzugsfolgen die Zahlung einer der beiden rückständigen Zinsraten, während nun nach § 21 M. G. der einmal aufgelöste Vertrag nur durch Nachzahlung des geschuldeten Betrages wiederhergestellt werden kann. Der Mieter hat also den ganzen Rückstand samt Zinsen und etwa sonstigen Nebengebühren abzustatten, wenn er der Räumung entgehen will.

b) Der Vermieter hat außergerichtlich die Aufhebung der Miete erklärt, der Mieter aber diese Erklärung nicht zur Kenntnis genommen, so daß der Vermieter klagen muß. Die Miete ist in diesem Falle schon durch die außergerichtliche Erklärung aufgehoben, der Rechtsstreit geht nur um die Räumung. Obwohl nun der neue § 21, Abs. 3 von Rechtsstreitigkeiten wegen Aufhebung der Miete und Räumung spricht, wird er doch auch in diesem Falle Anwendung zu finden haben.

c) Der Mieter hat die außergerichtliche Aufhebungserklärung zur Kenntnis genommen und Räumung versprochen. Kann er trotzdem durch Nachzahlung die Miete wieder in Kraft setzen? Zeitlich unbeschränkt jedenfalls nicht, sondern nur solange, als nicht ein wesentliches Interesse des Vermieters dadurch berührt wird. Das aber ist der Fall, wenn dieser anderweitig über den Mietgegenstand bereits verfügt, insbesondere ihn einem Dritten schon vermietet hat. Bis zu diesem Zeitpunkte wird man in sinngemäßer Anwendung des Gesetzes die Nachzahlung zulassen dürfen.

d) Nach bisherigem Rechte konnte der Vermieter nach außergerichtlicher Rücktrittserklärung gefahrlos weiter vermieten. Das kann er nun nur mehr, wenn sich der Mieter mit der Beendigung der Miete einverstanden erklärt hat, weil in diesem Falle die Weitervermietung dem Rechte des Mieters auf Behebung der Verzugsfolgen ein Ende macht. In den anderen Fällen kommt der Aufhebungserklärung nur bedingte Wirkung zu, der Vermieter muß mit der Nachzahlung rechnen und wird daher, um raschest einen klaren Rechtszustand zu schaffen, ohne Zögerung zur Anstellung der Räumungsklage schreiten müssen. Das ist, wie auch sonst manchmal bei sozialen Schutznormen, die Kehrseite der Erweiterung des Mieterschutzes.

E. Hypothekenstundung (Punkt 47)

Die richterliche Stundung wird auf Hypotheken für Forderungen beschränkt, die vor dem 1. November 1918 entstanden sind. Die Bestimmung stammt aus der R. V. und wird dort damit begründet, daß die gegenwärtige Fassung des § 24 M. G. bei reiner Wortauslegung auch die Stundung von Hypotheken ermöglicht, die in den letzten Jahren, ja in den letzten Monaten begründet wurden, was der Absicht des Gesetzes widerstreite und und dem österreichischen Kredite schädlich wäre. Da also die Stundung nur mehr für Hypotheken zulässig ist, die vor dem Währungsverfall begründet wurden und eine Aufwertung von Hypotheken im allgemeinen nicht zugelassen wird, hat sie nur für Hypotheken Bedeutung, die mit der Gold- oder einer anderen Währungsschutzklausel versehen sind.

F. Mietkommission und Mietverfahren (Punkt 50—58, 61, 62)

Die Aenderungen waren zumeist schon in der R. V. enthalten, so die Vorschrift, daß Beisitzer einer Mietkommission an den Tagen, an welchen sie als Beisitzer tätig sind, vor derselben Kommission als Bevollmächtigte der Parteien nicht erscheinen dürfen — wohl aber dort, wo eine Kommission mehrere Abteilungen hat, vor einer anderen Abteilung derselben Kommission (Begr. der R. V. S. 14) —; die Vorschrift, daß die Beisitzer gleichmäßig zu verwenden sind (§ 30) und die Selbstverständlichkeit, daß Ordnungsstrafen nach § 34 nur dann zu verhängen sind, wenn dem Auftrage der Mietkommission ungerechtfertigterweise nicht entsprochen wird, die Festsetzung der Ordnungsstrafen nach Schillingen. Von den neuen Vorschriften hat jene des Punktes 55, welche den § 29 II durch die Anordnung ergänzt, daß der Vorsitzende der Mietkommission die Zinsvereinbarungen entgegenzunehmen habe, nur systematische Bedeutung, da diese Anordnung schon in dem neu gefaßten § 16 enthalten ist.

In Ansehung des Kostenersatzes wollte die R. V. durch einen Zusatz zu § 28 IV klarstellen, daß zu den zu ersetzenden Kosten auch jene der rechtsfreundlichen Vertretung gehören. Der Ausschuß hat es „billig" gefunden, diese Klarstellung in das Gegenteil zu verkehren und so verfügt denn jetzt der Zusatz zu § 28 IV: „Die Kosten der rechtsfreundlichen Vertretung hat jede Partei selbst zu tragen."

Schon die R. V. wollte das Rechtsmittel der Beschwerde gegen Entscheidungen der Mietkommission zulassen; der Ausschuß hat wegen der von vielen Seiten geäußerten Befürchtung, daß die schrankenlose Zulassung der Beschwerde zu einer übermäßigen Belastung der Rechtsmittelbehörden führen müßte, nur eine Rechtsbeschwerde zugelassen, die wegen Verletzung materiellrechtlicher und prozessualer Vorschriften angebracht werden kann. Die Beschwerde geht an den Gerichtshof erster Instanz, in dessen Sprengel die Mietkommission ihren Sitz hat; dieser entscheidet nach den Vorschriften des Verfahrens a. Str., also in nichtöffentlicher Sitzung und durch Beschluß, endgültig. Die Rechtsmittelfrist beträgt 14 Tage; da die Vorschriften des Verfahrens außer Streitsachen zur Anwendung kommen, sind nach § 11 II A. Str. G. auch verspätete Beschwerden vorzulegen. Viel Zweck hat das allerdings nicht, weil eine Abänderung ohne Nachteil für die Gegenpartei nur in ganz seltenen Fällen möglich sein wird. Auch gegen Beschlüsse, durch die eine Ordnungsstrafe verhängt wird, ist nunmehr Beschwerde zugelassen (§§ 28 VII und 31 III).

§ 43 II erhält einen Zusatz, in dem ausgesprochen wird, daß der Unternehmer von Instandhaltungsarbeiten einer Ordnungsstrafe verfällt, wenn er der Vorschrift des neuen § 17 I c entgegen eine Provision verspricht oder leistet.

G. Uebergangsbestimmungen

Art. III des dritten Abschnittes des Gesetzes vom 14. Juni 1929, B. G. Bl. 200 enthält die Uebergangsbestimmungen für die Aenderungen im M. G.

1. Abs. 1 dieser Uebergangsbestimmungen betrifft Erhöhungen des Instandhaltungszinses durch Beschluß der Mietkommission (Schlichtungsstelle) und Parteivereinbarungen.

a) Erhöhungen des Instandhaltungszinses durch Beschluß der Mietkommission oder Schlichtungsstelle, welche vor dem Wirksamkeitsbeginn des neuen Gesetzes ergangen sind, bleiben auch dann aufrecht, wenn sie das nach der neuen Fassung des M. G. vorgesehene Ausmaß des Hauptmietzinses übersteigen. Sie sind aber in den allgemein zulässigen gesetzlichen Zins einzurechnen, d. h. es ist an Stelle des Hauptmietzinses der schon früher festgesetzte Instandhaltungszins weiter zu bezahlen. Diese Einrechnung ist ausdrücklich nur angeordnet für Zinserhöhungen nach § 7, die den neuen Hauptmietzins übersteigen. Arg. a majori ad minus muß das aber auch für solche Erhöhungen gelten, welche den Hauptmietzins nicht übersteigen. Es darf also nicht neben dem neuen Hauptmietzins noch der Betrag gefordert werden, um den der von der Mietkommission oder Schlichtungsstelle festgesetzte Zins den Instandhaltungszins überstieg. (Vgl. Begründung zur R. V. S. 15.)

b) Parteienvereinbarungen über die Höhe des Zinses wollte die R. V. als gültig behandeln, wenn sie von den Parteien an zwei Zinsterminen eingehalten worden sind und ihre Ungültigkeit bei Wirksamkeitsbeginn des neuen Gesetzes bei Gericht noch nicht geltend gemacht war. Das Gesetz ist strenger. Es verlangt für die Gültigkeit solcher Vereinbarungen, daß sie wenigstens nach seinen eigenen Bestimmungen gültig sind, und sieht unter dieser Voraussetzung davon ab, daß sie zur Zeit der Entstehung eigentlich ungültig waren. Es steht aber der Gültigkeit solcher Vereinbarungen nicht im Wege, daß sie den durch das neue Gesetz aufgestellten Formvorschriften nicht entsprechen. Ungültig sind solche Vereinbarungen aber dann, wenn ihre Ungültigkeit bei Wirksamkeitsbeginn des neuen Gesetzes durch ein gerichtliches Urteil, wenn auch nur I. Instanz bereits festgestellt war. Diese Bestimmung über die Konvaleszenz ungültiger Vereinbarungen bezieht sich natürlich nur auf die Heilung von Verstößen gegen Bestimmungen des M. G. in seiner alten Fassung. Wenn eine solche Vereinbarung aber nach den allgemeinen Bestimmungen des bürgerlichen Rechtes, etwa wegen Irreführung, ungültig war, so bleibt sie es auch nach dem neuen Gesetze. Das ergibt sich aus allgemeinen Rechtsgrundsätzen, wird aber außerdem noch ausdrücklich in der Form gesagt, daß solche Vereinbarungen „vom Standpunkte der Vorschriften über den Schutz der Mieter" gültig seien. Auch der auf Grund nun gültiger Vereinbarungen sich ergebende Zins ist in den neuen Hauptmietzins einzurechnen, so daß nur der gesetzliche Zins verlangt werden kann, wenn ihn der vereinbarte Zins nicht übersteigt. Daß der Vermieter den Mehrbetrag fordern kann, um den der vereinbarte Zins den gesetzlichen übersteigt, ergibt sich aus dem Wesen der Vereinbarung.

c) die Einrechnung findet auch Anwendung auf „G e l d e r, d i e v o r d e m W i r k s a m k e i t s b e g i n n d e s n e u e n G e s e t z e s v o n d e n M i e t e r n f r e i w i l l i g zur Deckung bestimmter großer Instandhaltungsarbeiten bereitgestellt wurden." Das ist nicht leicht verständlich. Nach A. B. S. 19 ist daran gedacht, daß Geldbeträge, welche die Mieter aufgebracht und dem Vermieter übergeben haben, die aber noch nicht verwendet worden sind, in den neuen Hauptmietzins eingerechnet werden sollen. Auch das ist nicht genügend klar, weil es die Frage offen läßt, ob die Gelder erst dann als verwendet anzusehen sind, wenn schon Zahlung geleistet wurde, oder auch schon dann, wenn die Arbeit verrichtet ist, deren Kosten aber vom Vermieter noch nicht bezahlt worden sind. Die Entscheidung dürfte im letzteren Sinne zu treffen sein, weil sie sonst von Zufälligkeiten abhinge.

2. Wenn die Zahlung von Erhaltungskosten außerhalb des Instandhaltungszinses zwischen dem Vermieter und den Mietern vereinbart war, so bleiben solche Vereinbarungen in Kraft, weil sie zufolge § 7, Abs. 1 nach den Bestimmungen des neuen Gesetzes gültig sind. Im einzelnen gilt folgendes:

a) „Haben einzelne Mieter eines Hauses den sie treffenden Anteil an Erhaltungsauslagen, die den bis dahin auf sie entfallenden Instandhaltungszins überstiegen, vor dem Wirksamkeitsbeginne des gegenwärtigen Gesetzes bezahlt, während andere Mieter desselben Hauses ihren Anteil ganz oder teilweise erst nach diesem Zeitpunkte zu entrichten haben, so muß sich der Vermieter die von jenen Mietern geleisteten Mehrzahlungen auf den Hauptmietzins insoweit anrechnen lassen, als es der gleichen Behandlung aller Mieter des Hauses entspricht. Ueber die Anrechnung hat auf Antrag des Vermieters oder des Mieters die Mietkommission (§§ 26, 29 M. G.) zu entscheiden." (Art. III, Abs. 2.)

α) Das Gesetz geht von dem Grundsatze aus, daß die in § 7 II angeordnete Gleichbehandlung aller Mieter durch die Wirksamkeit des neuen Gesetzes nicht berührt werden soll. Nun sind die Beträge, welche einzelne Mieter auf Grund der Vereinbarung noch zu zahlen haben, zufolge

Abs. 1 auf den Hauptmietzins anzurechnen, d. h. es haben diese Mieter, wenn der vereinbarte Beitrag den Hauptmietzins nicht übersteigt, nur diesen zu entrichten. Diesen Hauptmietzins haben auch jene Mieter zu leisten, welche ihren Beitrag schon gezahlt haben; sie wären also gegenüber den anderen benachteiligt. Deshalb ist ihnen die schon geleistete Zahlung auf den Hauptmietzins anzurechnen. Der von ihnen zu zahlende Hauptmietzins verringert sich also um den Betrag der von ihnen geleisteten Zahlungen.

β) Es ist aber auch möglich, daß die noch ausständigen Beiträge den nach dem neuen Gesetze zu berechnenden Hauptmietzins übersteigen. Die Mieter haben dann, abgesehen von einer nach Abs. 3 sich ergebenden Aenderung, den der Vereinbarung entsprechenden höheren Betrag zu leisten und sind gegenüber jenen Mietern, die den ganzen Betrag vorausgezahlt haben, nicht mehr um den ganzen Betrag, sondern nur um jenen Teilbetrag begünstigt, der durch Anrechnung auf den Hauptmietzins absorbiert wird. Die Ausgleichung erfordert daher nicht die Anrechnung der ganzen vorausgezahlten Beiträge, sondern nur eines verhältnismäßigen Anteiles. Ein Beispiel: A. hat 600 Schilling außerordentlichen Instandhaltungsbeitrag bezahlt und einen Hauptmietziens von 60 Schilling vierteljährlich zu bezahlen. B. hat seinen Beitrag von 300 Schilling vereinbarungsgemäß in sechs Monatsraten zu 50 Schilling zu bezahlen, sein Hauptmietzins beträgt 30 Schilling. Hier werden drei Fünftel seines Beitrages durch Anrechnung auf den Hauptmietzins getilgt, A. kann also auch die Anrechnung von drei Fünfteln der von ihm geleisteten Zahlung, d. i. von 360 Schilling auf den Hauptmietzins verlangen.

γ) Die Berechnung wird entsprechend verwickelter, wenn schon alle Mieter Zahlungen in ungleichen Bruchteilen ihrer Gesamtbeiträge geleistet und einzelne den ganzen Beitrag schon bezahlt haben. Die Grundlage für die Berechnung bleibt immer die verhältnismäßig gleiche Behandlung der Mieter. *Von den geleisteten Zahlungen ist daher jedem soviel auf den Hauptmietzins anzurechnen, daß nach Tilgung der betreffenden Instandhaltungspost jeder außer dem Hauptmietzins denselben Bruchteil des ursprünglich vereinbarten Kostenbeitrages bezahlt hat.*

δ) Die Anrechnung größerer Vorauszahlungen auf den Hauptmietzins kann dessen Unzulänglichkeit für die

Hauserhaltung zur Folge haben, namentlich, wenn zufällig wieder eine größere Instandhaltungsarbeit nötig wird. Die R. V. hatte, um dies zu vermeiden, die Anrechnung nur auf den das 2000fache des Vorkriegszinses übersteigenden Teil des Hauptmietzinses zugelassen. Da das Gesetz diese Beschränkung nicht enthält, kann durch die Anrechnung eine Erhöhung des Hauptmietzinses nach § 7 notwendig werden.

b) „Werden die Kosten einer großen Instandhaltungsarbeit (§ 6 II) von den Mietern auf Grund einer Vereinbarung mit dem Vermieter binnen einer ein Jahr nicht übersteigenden Frist entrichtet und ist diese Frist am 1. August 1929 noch nicht abgelaufen, so kann der Mieter eine Verlängerung der Frist auf insgesamt drei Jahre bei der Mietkommission begehren; die bisher geleisteten Zahlungen sind, insoweit sie den gemäß einer Tilgungsdauer von drei Jahren auf die bereits verstrichene Zeit entfallenden Betrag übersteigen, auf die künftigen Raten, gegebenenfalls auf den sich aus § 2 I, Punkt a ergebenden Hauptmietzins anzurechnen." (Art. III, Abs. 3.)

α) Die Voraussetzung dieser Erstreckung der Zahlungsfrist ist, daß die vereinbarte Frist höchstens ein Jahr beträgt und am 1. August 1929 noch nicht abgelaufen ist. Trifft das zu, dann kann der Mieter bei der Mietkommission die Verteilung der Zahlungen auf drei Jahre begehren. Daß die Mietkommission hier eine Ermessensentscheidung zu treffen habe, ist dem Wortlaut des Gesetzes nicht zu entnehmen, der schlechterdings einen unbedingten Anspruch des Mieters zu begründen scheint. Im A. B. 19 heißt es allerdings, daß die Mietkommission auf Antrag des Mieters eine Verlängerung der Abstattungsdauer vornehmen könne, „falls es die Umstände des Falles rechtfertigen". Es hätte bei der gewiß nicht geringen Redseligkeit des Gesetzes im allgemeinen nichts verschlagen, wenn man diese Voraussetzung des Erstreckungsanspruches im Gesetze festgelegt hätte. So ist sie im Gesetze einfach nicht enthalten und man kann darauf höchstens durch die Erwägung kommen, daß bei Annahme eines unbedingten Anspruches die Mietkommission nur zur Vornahme einer recht einfachen Rechenoperation, nämlich der Aufteilung der Teilzahlungen auf drei Jahre, angerufen werden müßte. Ob diese Erwägung stark genug sein wird, um der im A. B. ausgesprochenen Meinung Gesetzeskraft zu verschaffen, wird die Erfahrung lehren müssen.

β) Die Absicht der Norm des Abs. 3 ist es offenbar, eine übermäßige Belastung der Mieter zu verhindern. Das wäre nun ganz sicher zweckmäßig, wenn die vereinbarten Teilzahlungen neben dem Hauptmietzins zu entrichten wären. Nach Abs. 1 sind sie aber auf diesen anzurechnen. Da nun die einzelnen Teilzahlungen durch die Erstreckung der Frist kleiner werden, kann sich der Fall ergeben, daß sie den gesetzlichen Hauptmietzins nicht erreichen; dann werden sie auf Grund der Anrechnung von diesem aufgesogen, die formell aufrechterhaltene Vereinbarung ist praktisch wirkungslos. Dieses Ergebnis kann wohl auch durch die Anrechnung nach Abs. 1 herbeigeführt werden; aber dann ist es unmittelbare Folge gesetzlicher Anordnung, während es im Falle des Abs. 3 in den Willen eines Vertragsteiles gestellt ist.

γ) Die Fristerstreckung nach Abs. 3 kann „der Mieter" verlangen, also offenbar jeder Mieter für sich. Sie kann daher auch einzelnen Mietern bewilligt werden, während sie andere entweder nicht beantragt haben oder sie ihnen, wenn die Ansicht des A. B. angenommen wird, verweigert werden kann. Das führt unter Umständen wegen der unter β) dargelegten Wirkung der Anrechnung zu ungleicher Belastung der Mieter, die durch sinngemäße Anwendung der Vorschrift des Abs. 2 zu vermeiden wäre.

δ) Das Gesetz bestimmt keine Frist für den Antrag des Mieters auf Verlängerung der Tilgungszeit. Das mag von besonderer praktischer Bedeutung nicht sein, weil es sich ja im Ganzen um höchstens einjährige Amortisationsfristen handelt, von denen ein Teil schon bei Wirksamkeitsbeginn des Gesetzes abgelaufen sein muß. Wird also der Antrag nicht sofort gestellt, so ist die Erleichterung für den Mieter wahrscheinlich nicht mehr sehr erheblich. Trotzdem ist die Frage, ob der Antrag sofort gestellt werden muß oder auch später jederzeit gestellt werden kann, nicht ohne Bedeutung. Nach den Ausführungen unter γ) wirkt die Fristerstreckung auch auf die Zahlungspflicht der übrigen Mieter ein. Da es nun kaum angängig erscheint, die Berechnung der auf die einzelnen Mieter entfallenden Leistung infolge aufeinanderfolgender Erstreckungsanträge wiederholt zu ändern, und es auch eine Forderung der Billigkeit ist, daß der Vermieter damit rechnen kann, in welcher Zeit er den Eingang der Tilgungsraten zu erwarten hat, möchte ich glauben, daß der Erstreckungsantrag nur bis zur Fälligkeit der ersten nach dem Wirksamkeitsbeginn des Gesetzes verfallenden Rate zuzulassen ist und nach diesem Zeitpunkte nicht mehr gestellt werden kann.

ε) Durch die Erstreckung der Tilgungsfrist werden die einzelnen Raten kleiner als die vereinbarten und vor dem Wirksamkeitsbeginn des Gesetzes geleisteten Zahlungen. Der Unterschied ist nach dem Schlußsatz des Abs. 3 auf die künftig verfallenden Raten „und gegebenenfalls auf den Hauptmietzins" anzurechnen. Es ist nämlich zu unterscheiden: Sind die künftig verfallenden Raten größer als der Hauptmietzins, so werden sie um die Mehrzahlungen bei den schon geleisteten Raten gekürzt. Sind sie das nicht, so werden sie nach Abs. 1 vom Hauptmietzins aufgesogen; die Mehrleistung bei den schon gezahlten Raten kann daher nur auf diesen angerechnet werden.

c) Ueber Streitigkeiten wegen der Höhe des nach den Uebergangsbestimmungen sich ergebenden Hauptmietzinses entscheidet die Mietkommission. Vor Festsetzung dieses Zinses kann weder eine Klage auf Zahlung angebracht, noch wegen Nichtzahlung gekündigt werden. (Art. III, Abs. 4.)

d) Eine Uebergangsbestimmung enthält auch der IV. Abschnitt, § 1, Abs. 2: „Die Bestimmungen des III. Abschnitts" — d. i. die Aenderungen des M. G. — „finden auch auf alle bereits anhängigen Rechtssachen Anwendung, in denen am Tage des Wirksamkeitsbeginnes des gegenwärtigen Gesetzes noch keine gerichtliche Entscheidung erster Instanz oder Entscheidung der Gemeindeschlichtungsstelle oder Mietkommission vorliegt." Das ist von Wichtigkeit namentlich bei der Beurteilung der Gültigkeit von Zinsvereinbarungen und für die Anwendung der geänderten Vorschriften über die Instandhaltung. Natürlich kann aber die Rückwirkung nicht dahin aufgefaßt werden, daß die neuen Vorschriften über die Berechnung des Hauptmietzinses Anwendung zu finden hätten in Streitigkeiten, die die Höhe des Zinses für einen vor Wirksamkeitsbeginn des Gesetzes gegebenen Zeitraum zum Gegenstande haben. Deshalb bemerkt der A. B. S. 19 zutreffend, daß die Zulässigkeit der neuen Zinse vom 1. August 1929 an gegeben ist. Die Bestimmungen des Gesetzes über die Betriebskosten sind zum Teil solche, die keine Aenderung des Rechtszustandes enthalten, sondern nur Klarstellung aufgetauchter Zweifel bezwecken. Sie werden bei Berechnung der Zinse für abgelaufene Zinsperioden als authentische Gesetzesauslegungen in Betracht kommen können. Die vor Wirksamkeitsbeginn des Gesetzes ergangenen Entscheidungen der Mietkommissionen sind auch dann nicht anfechtbar, wenn beim Inkrafttreten des Gesetzes die darin vorgesehene Rechtsmittelfrist nicht abgelaufen ist.

e) Nach Abschnitt IV, § 1, Art. 1 ist das Gesetz im allgemeinen am 15. Juli 1929 in Kraft getreten; die Bestimmungen über die Erhöhung des Hauptmietzinses (Art. I, Punkt 17 bis 20) treten am 1. August, jene über die Hausgärten am 1. November 1929 in Kraft. Die Hinausschiebung der Bestimmungen über die Zulässigkeit freier Vereinbarungen zur Deckung der Kosten größerer Instandhaltungsarbeiten ist praktisch ohne Bedeutung, da solche Vereinbarungen nach Art. III, Abs. 1 auch dann als wirksam zu behandeln sind, wenn sie vor dem Inkrafttreten des neuen Gesetzes abgeschlossen worden sind.

f) Art. IV, § 1, Abs. 3 erteilt dem Justizminister die Ermächtigung zur Erlassung einer Textverordnung, in welcher die gegenstandslos gewordenen §§ 37 und 45 bis 51 weggelassen werden können. Diese Textverordnung ist am 22. Juni 1929 erlassen und unter Nr. 210 im B. G. Bl. verlautbart worden.

III

Enteignung zu Wohnungs- und Assanierungszwecken.

B. G. vom 14. Juni 1929, B. G. Bl. 202.

Das Gesetz vom 4. Januar 1919, St. G. Bl. 82, betreffend Enteignung zu Wohnzwecken hat sich nach dem A. B. Nr. 327 der Beilagen nicht bewährt, weil es die Enteignungsgründe zu weit gefaßt hat und infolge Schwerfälligkeit des Verfahrens eigentlich nie zur Anwendung gelangt ist. Es wird nun durch ein neues ersetzt[19]), das die Eingriffe in das Privateigentum enger umgrenzt und nur in Orten gelten soll, in denen Wohnungsnot besteht oder die Assanierung ungesunder Wohnviertel die Enteignung erheischt. Diese Voraussetzung der Wirksamkeit des Gesetzes ist bei der Entscheidung über einen Enteignungsantrag natürlich zu überprüfen. (A. B. S. 1.) Daneben

[19]) Vgl. auch den Entwurf eines B. G. der Abg. Dr. Danneberg und Gen. über die Schaffung eines Vorkaufs- und Enteignungsrechtes und hiezu Klang, Jur. Bl. 1929, Nr. 2

bleiben zufolge § 1 II die in den verschiedenen Bauordnungen enthaltenen Enteignungsbestimmungen unberührt, soweit sie andere als die im vorliegenden Gesetze geregelten Enteignungsfälle betreffen; das gilt also namentlich von der Enteignung für Straßenzwecke.

A. Enteigner. Während das nun außer Kraft tretende Gesetz von 1919 das Enteignungsrecht den Selbstverwaltungskörpern, öffentlichen Körperschaften und Anstalten und überdies noch gemeinnützigen Vereinigungen gewährte, soll es in Hinkunft nur den Gebietskörperschaften zustehen, in deren Gebiet die zu enteignende Liegenschaft gelegen ist. Der A. B. zählt als solche auf Bund, Land und Gemeinde.

B. Gegenstand der Enteignung. Das Gesetz vom Jahre 1919 beschränkte die Enteignung nur durch die Angabe des Enteignungszweckes, enthielt aber in Ansehung der zu enteignenden Grundstücke keinerlei Schranken. Das neue Gesetz schafft solche durch eine Verbindung von Voraussetzungen über die Beschaffenheit des Grundstückes mit dem Enteignungszweck. Dadurch wird eine starke Einschränkung der Enteignungsmöglichkeiten erreicht. Es können enteignet werden:

1. Ergänzungsstücke, d. s. einzelne, zur rationellen Verbauung allein nicht geeignete Grundstücke, aber nur dann, wenn die benachbarten Grundstücke, mit denen zusammen sie mit Anlagen für Klein- und Mittelwohnungen verbaut werden sollen, dem Enteigner gehören, wenn ihr Flächenmaß an sich und im Verhältnis der gesamten zu verbauenden Fläche gering ist und wenn sie die wirtschaftlich und technisch günstige Verbauung der Nachbargrundstücke hindern. Der A. B. bemerkt, daß die Enteignung auch dann zulässig sein soll, wenn das Ergänzungsstück selbst nicht verbaut, aber als Hofraum oder dergleichen für die einheitliche Wohnbaufläche benötigt wird. Voraussetzung ist weiter, daß der Eigentümer den Verkauf ablehnt oder einen offenbar übermäßigen Preis fordert. Verbaute Grundstücke dürfen nur enteignet werden, wenn die Baulichkeit abbruchreif oder nur von untergeordnetem Werte ist.

2. Baulücken. Darunter versteht das Gesetz unverbaute Grundstücke in sonst geschlossen verbautem Gebiet, die zwischen zwei bereits verbauten und mit Feuermauern versehenen Grundstücken in einem überwiegend verbauten Baublock liegen und deren Frontlänge 30 Meter nicht übersteigt. Ihre Enteignung ist aber nur zulässig, wenn

der Eigentümer sie nach dreimaliger Aufforderung der Gemeinde nicht selbst verbaut. Zwischen der ersten und zweiten Aufforderung muß eine Frist von einem Jahre, zwischen der zweiten und dritten eine solche von einem halben Jahre liegen. Nach der dritten Aufforderung bleibt dem Eigentümer noch eine Frist von einem halben Jahr für das Gesuch um Baubewilligung und eine solche von einem weiteren, von der Erteilung der Baubewilligung an zu rechnendem Jahr zum Beginn des Baues. Erst nach Ablauf all dieser Fristen kann das Grundstück enteignet werden.

3. Abbruchreife Gebäude, mag der Grund für die Abbruchreife in ihrer Gesundheitswidrigkeit oder Baufälligkeit liegen, überdies aber auch solche Gebäude, deren Umbau aus öffentlichen Rücksichten notwendig erscheint. Vorausgesetzt wird weiter eine vorgängige Demolierungsbewilligung oder ein Demolierungsauftrag. Auch hier soll dem Eigentümer die Möglichkeit offen gehalten werden, den Umbau selbst vorzunehmen[20]. Die Enteignung darf daher nur stattfinden, wenn er nicht binnen einem halben Jahre nach Demolierungsbewilligung oder Demolierungsauftrag um die Bewilligung des Umbaues ansucht und binnen einem Jahre nach Baubewilligung mit dem Umbau beginnt. Wenn den Mietparteien Räumungsfristen vom Gerichte bewilligt werden, verlängert sich die einjährige Frist bis zum Ablauf von sechs Monaten nach der tatsächlichen Räumung.

4. Liegenschaften, deren Enteignung zur zweckentsprechenden Assanierung eines bestimmten Teiles des Gemeindegebietes unbedingt nötig ist. Hier ist die Enteignung nur zulässig, wenn sich in einem Teile des Gemeindegebietes in überwiegendem Maße abbruchreife Baulichkeiten befinden und die bestehenden Grenzen eine zweckentsprechende Neubebauung hindern.

C. Pflichten des Enteigners.

1. Der Enteigner hat die enteigneten Liegenschaften binnen einer im Enteignungsbescheid zu bestimmenden Frist zu verbauen. Diese Frist kann vom Landeshauptmann aus wichtigen Gründen jedoch nicht über das Doppelte des ursprünglichen Zeitraumes verlängert werden. Bei Nicht-

[20]) Vgl. meine Ausführungen Jur. Bl. 1929, 26.

einhaltung der Frist kann der Enteignete die Aufhebung der Enteignung begehren, zu deren Bewilligung der Landeshauptmann zuständig ist. Gegen dessen Entscheidung steht die Berufung an den Bundesminister für soziale Verwaltung offen. Bei Aufhebung der Enteignung hat der Enteignungswerber das Grundstück, der Enteignete die Entschädigungssumme zurückzustellen. Für den Ausgleich von Werterhöhungen und Wertverminderungen an der Liegenschaft ist der Zustand im Zeitpunkte der Rückstellung maßgebend. Die Vorteile aus dem Bezuge der Liegenschaftsnutzungen und der Kapitalzinsen werden gegeneinander aufgehoben; eine Rückstellung findet also hier nicht statt. Eine dem § 38 Eis. Ent. Ges. entsprechende Bestimmung über die Verpflichtung des Enteigners zum Schadenersatze fehlt; hier wird sinngemäße Rechtsanwendung platzzugreifen haben.

2. Von der Enteignung zu Assanierungszwecken abgesehen, dürfen die enteigneten Grundstücke nur mit Mittel- und Kleinwohnungen verbaut werden. Der Begriff der Mittel- und Kleinwohnung ist den Vorschriften des Wohnbauförderungsgesetzes zu entnehmen (A. B. S. 2). Die Herstellung von Geschäftsräumen in den Erdgeschoßen, dann von Wohlfahrtseinrichtungen und Betriebsanlagen, welche, wie Kindergärten, Waschanstalten u. dgl. der gemeinsamen Benützung der Hausbewohner dienen, ist gestattet. Die enteigneten Gründe müssen durch 50 Jahre der Verbauung durch Mittel- und Kleinwohnungen gewidmet bleiben, doch kann der Bundesminister für soziale Verwaltung auf Ansuchen des Eigentümers nach Einholung des Gutachtens der Gemeinde — die wohl meistens der Eigentümer sein wird — die Aufhebung der Widmung ganz oder teilweise bewilligen. Die Widmung ist unter kalendermäßiger Angabe des Endtermines als „Reallast“ zugunsten des Bundes, und zwar in der Rangordnung vor allen Hypothekarlasten einzuverleiben und im Falle der Zwangsversteigerung vom Ersteher ohne Anrechnung auf das Meistbot zu übernehmen.

D. Enteignungsverfahren.

1. Zuständigkeit. Zur Entscheidung über den Enteignungsantrag ist der Landeshauptmann berufen; gegen seine Entscheidung steht die Berufung an den Bundesminister für soziale Verwaltung offen, der binnen sechs

Monaten nach dem Einlangen der Berufung beim Ministerium zu entscheiden hat, widrigenfalls die Entscheidung des Landeshauptmannes in Rechtskraft erwächst.

2. Das Enteignungserkenntnis hat den Zweck der Enteignung, und die Bauten, zu deren Errichtung die Enteignung bewilligt wird, möglichst genau zu bezeichnen und Fristen für den Beginn und die Vollendung der Bauten festzusetzen. Es bewirkt die Auflösung der Miet- und Pachtverträge zum nächsten Kündigungstermin, was im Gesetze in Form einer Fiktion ausgesprochen wird. Ueber die Anmerkung des Erkenntnisses im Grundbuche enthält das Gesetz keine Bestimmung. Zufolge § 13 Verw. Entl. Ges. findet daher die Bestimmung des § 20 Eis. Ent. Ges. über die Anmerkung der Enteignung und deren Wirkung sinngemäße Anwendung.

3. Entschädigung: a) Die Festsetzung der Entschädigung obliegt den ordentlichen Gerichten. Zuständig ist das Bezirksgericht, in dessen Sprengel die enteignete Liegenschaft liegt; bei ihm hat der Enteignungswerber, falls sich die Parteien über die Höhe der Entschädigung nicht einigen, nach Rechtskraft des Enteignungsbescheides die Festsetzung der Entschädigung zu beantragen.

b) Die Bestimmungen über das Festsetzungsverfahren sind höchst rudimentär. Das Bezirksgericht hat zunächst die Liegenschaft durch zwei Sachverständige schätzen zu lassen und diesen die Erstattung ihrer Schätzungsgutachten binnen einer vier Wochen nicht übersteigenden Frist aufzutragen. „Nach Einlangen der Gutachten hat das Bezirksgericht, sofern es nicht gleich die Entschädigung festsetzt, die Parteien und den Landeshauptmann von dem Inhalt der Gutachten in Kenntnis zu setzen." Was nun weiter zu geschehen hat, wird nicht gesagt, es folgt nur eine Verweisung auf die Bestimmungen über das gerichtliche Verfahren außer Streitsachen. Die Verständigung der Parteien hat offenbar den Zweck, diesen Gelegenheit zu Aeußerungen über die Gutachten zu geben. Ob sie eine solche haben sollen, erscheint aber ganz in das Ermessen des Gerichtes gestellt, das offenbar die Entschädigung auf Grund der Gutachten auch festsetzen kann, ohne die Parteien zu hören. Nach den Gepflogenheiten im Verfahren außer Streitsachen ist allerdings kaum anzunehmen, daß das sehr häufig der Fall sein wird. Ob dem Landeshauptmann durch die Verständigung vom Schätzungsergebnis die Möglichkeit zum Eingreifen in das Festsetzungsverfahren gegeben werden soll, ist nicht gesagt.

Die Frage ist wohl zu verneinen, da kein Grund ersichtlich ist, dem Landeshauptmann in diesem Verfahren Parteienrechte einzuräumen. Die Verständigung erfolgt vielmehr vermutlich nur zu dem Zwecke, um dem Landeshauptmann die Entscheidung zu ermöglichen, wenn Vollzug der Enteignung auf Grund Erlages der Schätzungssumme begehrt wird. Gegen die Entscheidung des Bezirksgerichtes über die Höhe der Entschädigung stehen die Rechtsmittel des Verfahrens außer Streitsachen zur Verfügung. Gegen die Entscheidung zweiter Instanz ist aber ein weiteres Rechtsmittel nicht gegeben.

c) Bezüglich der Höhe der Entschädigung schließt sich das Gesetz an § 4 Eis. Ent. Ges. an und bestimmt, daß die Entschädigung den Ersatz aller dem Enteigneten und den an der enteigneten Liegenschaft dinglich Berechtigten durch die Enteignung verursachten vermögensrechtlichen Nachteile zu umfassen hat. Weitergehende Einzelheiten regelt das Gesetz nicht; es sind hier die Vorschriften der §§ 5 bis 10 Eis. Ent. Ges. zur Ergänzung heranzuziehen und sinngemäß anzuwenden. Ebenso richtet sich die Notwendigkeit des Erlages und der Verteilung der Entschädigungssumme nach § 34 Eis. Ent. Ges.

4. Vollzug. Die Enteignung ist auf Antrag einer der Parteien vier Wochen nach Rechtskraft des Enteignungsbescheides in Vollzug zu setzen. Doch muß der Enteigner vorher entweder die vereinbarte Entschädigung bezahlt oder den Betrag, auf den die Schätzungsgutachten lauten oder, wenn sie voneinander abweichen, den höheren Betrag bei Gericht zur Sicherstellung erlegen. Da die Frist, die dem Sachverständigen für die Schätzung erteilt wird, vier Wochen beträgt und das Verfahren beim Bezirksgerichte doch auch einige Zeit in Anspruch nimmt, ist klar, daß der Erlag innerhalb vier Wochen nur dann erfolgen kann, wenn eine Einigung über die Entschädigung erfolgt ist. Sonst müssen von der Rechtskraft des Enteignungserkenntnisses, nach welcher erst die Festsetzung der Entschädigung beantragt werden kann, stets mehr als vier Wochen vergehen.

5. Eigentumserwerb des Enteigners. Durch welchen Rechtsakt der Enteigner Eigentum erwirbt, wird im Gesetze nicht gesagt. Es ist also wieder das Eis. Ent. Ges. (§ 34) sinngemäß anzuwenden. Der Erlag der Entschädigung ist im Grundbuche anzumerken und bewirkt den Eigentumserwerb des Enteigners; der Anmerkung kommen die mit der Anmerkung des Zuschlages ver-

bundenen Rechtswirkungen zu. Die Einverleibung des Eigentums für den Enteigner ist von der gleichzeitigen Eintragung der Widmung der enteigneten Grundstücke für Mittel- und Kleinwohnungen abhängig gemacht.

IV.

Einweisung in freigewordene Wohnungen

B. G. vom 14. Juni 1929, B. G. Bl. 201

Als Ersatz für das erloschene Anforderungsgesetz ist gleichzeitig mit dem Wohnbauförderungs- und Mietengesetz und dem Enteignungsgesetz ein nur für das Bundesland Wien wirksames Gesetz erlassen worden, welches verhindern soll, daß jene Wohnungen, deren Inhaber in ein mit öffentlichen Mitteln errichtetes Gebäude übersiedeln, leer stehen und dadurch dem Wohnungsmarkte entzogen bleiben. Diesem Zwecke dient ein engbegrenztes „Einweisungsrecht" der Gemeinde. Das Gesetz ist am 15. Juli 1929 in Kraft getreten, gelangt zur Anwendung, sobald dies vom Landeshauptmann angeordnet wird und tritt am 31. Dezember 1932 als dem Tage, bis zu welchem Bundeszuschüsse nach dem Wohnbauförderungsgesetz bewilligt werden können, außer Kraft.

1. Der Einweisung unterliegende Wohnungen. Der Einweisung unterliegen solche Wohnungen, welche durch Uebersiedlung des Mieters oder Inhabers in ein mit Bundeszuschüssen nach dem Wohnbauförderungs- und Mietengesetz oder in ein aus öffentlichen Mitteln errichtetes Wohnhaus frei werden. Daß das Haus, in welches der bisherige Mieter oder Inhaber übersiedelt, in Wien gelegen sein müsse, ist im Gesetze nicht gesagt; die freigewordene Wohnung unterliegt daher auch dann dem Einweisungsrechte, wenn die Uebersiedlung nach einem Orte außerhalb Wiens erfolgt. Von der Einweisung sind (§ 5) ausgenommen: a) Wohnungen, bei denen die Einweisung mit den völkerrechtlichen Bestimmungen über Exterritorialität unvereinbar wäre; b) mieterschutzfreie Wohnungen; c) Dienst- und Naturalwohnungen einer Gebietskörperschaft oder eines von einer Gebietskörperschaft verwalteten Fonds; d) Wohnungen in Gebäuden, die für Betriebs-, Verwaltungs- und Unterkunftszwecke eines Verkehrs-, gewerblichen, industriellen oder landwirtschaftlichen Unternehmens dienen, falls dieses nicht länger als sechs Monate außer Betrieb gesetzt ist; e) Hausbesorgerwohnungen.

2. Verfahren. Der Inhaber einer Wohnung, der in ein mit Bundeszuschüssen erbautes Wohnhaus über-

siedelt, hat binnen einer Woche nach Abschluß des Mietvertrages, beziehungsweise nach Beginn der tatsächlichen Benützung der Gemeinde schriftlich Anzeige zu erstatten und darin bekannt zu geben, ob seine bisherige Wohnung frei wird (§ 2). Die Verletzung dieser Anzeigepflicht ist mit einer vom Wiener Magistrat zu verhängenden Geldstrafe bis zu 1000 S bedroht, die im Falle der Uneinbringlichkeit in eine Arreststrafe bis zu vier Wochen umgewandelt werden kann; bei erschwerenden Umständen kann auf Arrest allein oder neben der Geldstrafe erkannt werden (§ 7).

Das eigentliche Einweisungsverfahren beginnt mit einem Feststellungsbescheid der Gemeinde, in dem sie dem Hauseigentümer bekannt gibt, daß in seinem Hause eine Wohnung durch Uebersiedlung in ein mit Bundeszuschüssen oder aus öffentlichen Mitteln erbautes Haus frei geworden sei (§ 3, Abs. 1). Gegen diesen Bescheid steht dem Hauseigentümer binnen einer Woche der Einspruch an die Mietkommission mit aufschiebender Wirkung offen. Die Rechtskraft des Feststellungsbescheides benimmt dem Hauseigentümer die Verfügung über die freigewordene Wohnung noch nicht, verpflichtet ihn aber, sie binnen zwei Monaten durch Mietvertrag oder in anderer Weise der Benützung zuzuführen oder selbst in Benützung zu nehmen. Hievon hat er der Gemeinde binnen einer Woche schriftlich Anzeige zu erstatten; auch die Verletzung dieser Anzeigepflicht steht unter der eben angegebenen Strafsanktion.

Nach fruchtlosem Ablauf der zweimonatigen Frist ergeht der Einweisungsvorbescheid, durch welchen die Gemeinde die Inanspruchnahme der Wohnung zur Einweisung wohnungsbedürftiger Wohnungsuchender ausspricht. Auch dieser Bescheid kann durch Einspruch bei der Mietkommission mit Suspensivwirkung angefochten werden. Durch die Zustellung des Bescheides verliert der Hauseigentümer das Recht zur freien Verfügung über die Wohnung. Die Gemeinde kann nun drei wohnungsbedürftige Wohnungsuchende namhaft machen, von denen er binnen einer Woche einen als Mieter auszuwählen hat. Diesem hat dann die Gemeinde die Wohnung mit Einweisungsbescheid zuzuweisen. Macht der Hauseigentümer von seinem Wahlrechte keinen Gebrauch, so geht es auf die Gemeinde über, d. h. sie kann nun unter den drei von ihr namhaft gemachten Wohnungsuchenden denjenigen auswählen, den sie in die Wohnung einweisen will. Der Einweisungsbescheid muß aber innerhalb eines Monats nach Rechtskraft des Einweisungsvorbescheides ergehen; nach

Ablauf dieser Frist erlischt das Einweisungsrecht der Gemeinde und es erlangt der Hauseigentümer wieder das freie Verfügungsrecht (§ 3). Auch der Einweisungsbescheid kann durch Einspruch an die Mietkommission angefochten werden. Doch darf sich dieser weder auf Einwendungen gegen die Person, noch auf solche gegen die Wohnungsbedürftigkeit des Eingewiesenen stützen. Ein solcher Einspruch ist als unzulässig vom Vorsitzenden der Mietkommission zurückzuweisen; Gleiches geschieht, wenn der Einspruch gegen den Einweisungsbescheid sich auf Gründe stützt, welche bereits durch die Entscheidung der Mietkommission über den Einweisungsvorbescheid erledigt worden sind (§ 6, Abs. 2).

Das Verfahren vor der Mietkommission richtet sich nach den Bestimmungen des Mietengesetzes mit der Ausnahme, daß ein Kostenersatz zwischen den Parteien nicht stattfindet (§ 6, Abs. 3). Die Entscheidungen der Mietkommission über den Einspruch des Hauseigentümers können also durch Rechtsbeschwerde an den Gerichtshof I. Instanz angefochten werden.

Für die Auswahl, welche die Gemeinde bei ihrem Vorschlag an den Hauseigentümer unter den Wohnungsuchenden zu treffen hat, enthält das Gesetz keine eingehenden Vorschriften; es bestimmt nur, daß bei der Einweisung auf die Dringlichkeit des Wohnungsbedarfes Bedacht zu nehmen ist. Die näheren Vorschriften über die Durchführung der Anzeigepflicht und über die Prüfung der Wohnungsbedürftigkeit sind durch Verordnung des Landeshauptmannes zu erlassen (§ 8).

3. Sicherung des Einweisungsrechtes. Das Einweisungsrecht der Gemeinde ist zivil- und strafrechtlich geschützt. a) Dem zivilrechtlichen Schutze dient die Bestimmung des § 3, Abs. 6, nach welchem Mietverträge und sonstige Uebereinkommen wegen Benützung einer Wohnung, die entgegen den Vorschriften des Gesetzes abgeschlossen werden, ungültig sind. Soweit es sich um Verträge handelt, welche zwischen der Inanspruchnahme der Wohnung und der Wiedererlangung der freien Verfügung über sie durch den Hauseigentümer abgeschlossen werden, würde sich diese Ungültigkeit schon aus dem Mangel des Verfügungsrechtes ergeben. Fraglich kann sein, ob ein Mietvertrag, welchen der Hauseigentümer nach dem Einweisungsvorbescheid abgeschlossen hat, dann als gültig zu behandeln ist, wenn die Gemeinde die einmonatige Frist nach Rechtskraft des Vorbescheides ungenützt verstreichen läßt, so daß der Haus-

eigentümer das Recht zur Verfügung über die Wohnung wieder erlangt. Die Frage ist meines Erachtens zu bejahen; dafür spricht die sinngemäße Anwendung des § 366 a. b. G. B. Die Ungültigkeit von Uebereinkommen, die kein unmittelbares Zuwiderhandeln gegen das Gesetz enthalten, wohl aber dessen Umgehung bezwecken, ist nicht ausdrücklich ausgesprochen, ergibt sich aber aus allgemeinen Rechtsgrundsätzen. b) Strafrechtlich geschützt wird das Einweisungsrecht durch die Bestimmungen des § 7, welche abgesehen von der schon erwähnten Verletzung der Anzeigepflicht auch den gegen das Gesetz verstoßenden Abschluß eines Mietvertrages und die Verletzung der Durchführungsvorschriften unter die angeführte Strafdrohung stellen.

4. Die Rechtsstellung der eingewiesenen Partei regelt § 4.

a) Danach ist diese als Mieter anzusehen. Das bedeutet einen Fortschritt gegenüber dem Wohnungsanforderungsgesetze, nach welchem ein Privatrechtsverhältnis zwischen dem Hauseigentümer und dem Eingewiesenen nicht bestand, was unangenehme Verwicklungen zur Folge hatte, wenn es sich um Inanspruchnahme der Instandhaltungspflicht oder um Auflösung des Rechtsverhältnisses handelte. Nach dem vorliegenden Gesetze kommt durch die Einweisung ein Mietverhältnis zwischen dem Hauseigentümer und dem Eingewiesenen zustande, das einen Fall der Rechtsfigur des sogenannten diktierten Vertrages darstellt. Die Rechtsbeziehungen zwischen den beiden regeln sich also nach den Bestimmungen des a. b. G. B. und des Mietengesetzes, insbesondere steht dem Hauseigentümer das Recht zu, dieses Mietverhältnis zu kündigen, wenn einer der Kündigungsgründe des M. G. vorliegt, und es sofort aufzulösen, wenn einer der Tatbestände des § 1118 a. b. G. B. gegeben ist. Nach § 19, VI M. G. neuer Fassung ist die Vereinbarung zulässig, daß ein bestimmter Fall dringenden Eigenbedarfs des Vermieters für sich oder für Verwandte in gerader Linie von vornherein als Kündigungs- oder Auflösungsgrund festgesetzt wird. Das ist bei dem durch Einweisung begründeten Mietverhältnis natürlich nicht möglich. Um den Vermieter in diesem Punkte nicht schlechter zu stellen, bestimmt § 4, II, daß er einen solchen Kündigungs- oder Auflösungsgrund einseitig festsetzen kann. Um aber einer solchen Festsetzung Wirksamkeit zu verschaffen, muß sie dem eingewiesenen Mieter binnen einer Woche nach Zustellung des Einweisungsbescheides schriftlich bekannt gegeben werden. Diese Bestimmung wird vielleicht sinngemäß Anwendung finden müssen, wenn es sich darum handelt, ob der eingewiesene Mieter untervermieten dürfe, weil ja der Hauseigentümer mangels eines Vertrages keine Möglichkeit hat, in diesem die Untervermietung auszuschließen. Man könnte allerdings auch die Meinung vertreten, daß eine solche dem eingewiesenen Mieter niemals gestattet sei, weil die Einweisung ja nur sein eigenes Wohnungsbedürfnis befriedigen soll; doch scheint mir diese Auslegung mit Rücksicht darauf zu strenge zu sein, daß während der Dauer der Miete die Verhältnisse sich ändern können.

b) Den Mietzins, den der eingewiesene Mieter zu entrichten hat, bestimmt das Gesetz; er ist gleich dem nach dem M. G. für Neuvermietungen festgesetzten Höchstmietzins, d. h. er übersteigt den gesetzlichen Hauptmietzins um das 2000 fache. Ob nach halbjähriger Dauer der Miete die in § 16, Abs. 2 M. G. vorgesehene Vereinbarung zulässig ist, sagt das Gesetz nicht. Deshalb muß die Frage wohl bejaht werden; das bedeutet eine Schlechterstellung des eingewiesenen Mieters, weil ein anderer Mieter sich, wenn er bei Abschluß der Miete den zulässigen Höchstzins vereinbart, gegen weitere Erhöhungen vertragsmäßig schützen kann. Praktisch dürfte das allerdings nicht sehr ins Gewicht fallen.

5. Ist das Gesetz auf untervermietete Wohnungen anwendbar? Sicher nicht, soweit die Untermiete nicht dem M. G. unterliegt; das folgt aus § 5, welcher Wohnungen, die dem M. G. nicht unterliegen, vom Einweisungsrechte ausnimmt. In anderen Fällen können Zweifel entstehen. § 1 legt dem Mieter, der in ein mit Bundeszuschüssen oder aus öffentlichen Mitteln erbautes Wohnhaus übersiedelt, die Anzeigepflicht auf, wenn er „in Wien bereits eine Wohnung besitzt", und unterscheidet zwischen Haupt- und Untermietern nicht. Das würde für die Ausdehnung des Einweisungsrechtes auf Untermieten sprechen. Im weiteren Verlaufe ist aber von der der Gemeinde gegenüberstehenden Partei immer als vom Hauseigentümer die Rede, woraus sich schließen ließe, daß das Einweisungsrecht auf solche Wohnungen beschränkt ist, die bisher in Hauptmiete vergeben waren. In diesem Sinne ist aber auch deshalb zu entscheiden, weil das Gesetz einen Eingriff in die private Verfügungsfreiheit darstellt, der durch sinngemäße Rechtsanwendung nicht erweitert werden soll.

GPSR Compliance

The European Union's (EU) General Product Safety Regulation (GPSR) is a set of rules that requires consumer products to be safe and our obligations to ensure this.

If you have any concerns about our products, you can contact us on ProductSafety@springernature.com

In case Publisher is established outside the EU, the EU authorized representative is:

Springer Nature Customer Service Center GmbH
Europaplatz 3
69115 Heidelberg, Germany

Batch number: 10844655

Printed by Printforce, the Netherlands